DESCRIPTION

DES VOYAGES

DE S. A. R. MADAME, DUCHESSE D'ANGOULÊME,

dans les Pyrénées,

PENDANT LE MOIS DE JUILLET 1823;

Par M. PALASSOU, Correspondant de l'Académie Royale des Sciences de Paris, de la Société Philomathique de Bordeaux, de l'Académie Royale des Sciences, Inscriptions et Belles-lettres de Toulouse, de la Société Linnéenne d'émulation de Bordeaux, de l'Académie Royale de Médecine et des Sciences Naturelles de Madrid, Membre honoraire de la Société Linnéenne de Paris, etc., etc.

A Pau,

DE L'IMPRIMERIE DE VIGNANCOUR, IMPRIMEUR DU ROI.

M. DCCC. XXV.

À Madame

La Marquise de Goutaut-Biron.

Madame la Marquise,

Les voyages que MADAME, duchesse d'Angoulême (aujourd'hui Madame la Dauphine), a faits dans les Pyrénées, pour en admirer le magnifique spectacle, sont tellement étonnans, que j'ai cru faire une chose qui pourrait vous être agréable, en vous offrant l'itinéraire de cette Auguste princesse.

Plaignez-moi, Madame la Marquise, de n'avoir que de faibles moyens pour remplir dignement la tâche que je me suis imposée : daignez faire grâce au récit d'un malheureux vieillard accablé d'infirmités, frappé presqu'entièrement de cécité et parvenu à la 80.ᵉ année révolue de son âge.

Je ne me consolerais pas de mon impuissance, si

votre extrême indulgence ne m'était parfaitement connue et si je n'osais espérer que vous excuseriez l'imperfection de cet opuscule, en faveur des motifs qui m'engagent à vous le dédier.

J'aime à croire, Madame la Marquise, que vous serez bien aise de trouver ici réunies, différentes circonstances des voyages de MADAME, duchesse d'Angoulême; et que vous suivrez par la pensée S. A. R., dans les profondes vallées et les hautes montagnes qu'Elle a parcourues avec autant d'agilité que de courage.

La pluspart de ces objets, Madame la Marquise, sont décrits dans mes ouvrages que vous avez bien voulu agréer, dès le moment qu'ils ont été publiés.

Mais comme les descriptions qu'ils contiennent y sont accompagnées de discussions relatives aux Sciences, et par conséquent peu propres à intéresser ceux qui ne se livrent pas spécialement à cette étude, il m'a paru convenable de supprimer tout ce qu'elles renferment de scientifique. J'ai cru devoir donner la préférence à de courts extraits de productions étrangères, ou de celles qui me sont propres, me bornant à décrire ce qu'il y a de plus remarquable sur les mêmes routes que MADAME a suivies au sein des Pyrénées.

Mais si des monts sourcilleux, de profondes vallées, des torrens impétueux, de vastes pâturages et de majestueuses forêts, étonnent, frappent et charment la vue des observateurs, ils ne verront pas avec moins d'admiration les sentimens d'amour et de respect que les habitans des Pyrénées ont manifesté pour MADAME, dans tous les lieux que S. A. R. a honoré de sa présence.

Je ne doute pas, Madame la Marquise, que vous n'en lisiez les détails, avec attendrissement, et comme votre noble goût pour la contemplation des merveilles de la nature, vous a conduite plusieurs fois, au sein de cette même chaîne de montagnes, j'ose espérer que vous me permettrez d'en rappeler la mémoire à votre souvenir, et que vous daignerez agréer cet itinéraire comme un hommage rendu à votre mérite personnel et une marque du profond respect, avec lequel je suis,

MADAME LA MARQUISE,

Votre très-humble et très-obéissant serviteur,

PALASSOU.

DESCRIPTION

DES VOYAGES

DE S. A. R. MADAME, DUCHESSE D'ANGOULÊME,

DANS LES PYRÉNÉES,

PENDANT LE MOIS DE JUILLET 1823.

De Bayonne à Pau.

Les habitans des plus anciens domaines d'Henri IV, attendaient, depuis plusieurs jours, avec la plus vive impatience, l'arrivée de MADAME, duchesse d'Angoulême, à son passage pour les Eaux de Saint-Sauveur, dont les salutaires sources jaillissent du sein des montagnes du département des Hautes-Pyrénées.

Enfin, le 24 juin, leurs vœux furent comblés ; les canons de la Citadelle de Bayonne, des forts et des bâtimens de la rade, annoncèrent à 4 heures de l'après-midi, que MADAME était bien près de la ville. Elle fut accueillie de toute la population, qui faisait retentir les airs des cris de *vive le Roi!*

vive MADAME*! vivent les Bourbons!* Trois arcs de triomphe, dressés dans la ville, étaient bordés de jeunes demoiselles, vêtues avec élégance; chacune d'elles tenant une corbeille de fleurs qu'elles répandaient sur le passage de la Princesse.

Arrivée dans son Palais, MADAME reçut les autorités, et pendant son séjour à Bayonne, l'Auguste Princesse visita tout ce que la ville et les environs offrent de plus curieux, principalement le parc d'artillerie établi à Marrac, la Citadelle, l'arsenal de la Marine, etc., etc.

Le lendemain de son arrivée, MADAME, étant bien remise de son voyage, assista, à dix heures du matin, à la messe. Après cette cérémonie religieuse, qui fut célébrée par M.gr l'Evêque, les jeunes gens d'Arcangues, d'Ustarits, Cambo, Hasparren, Itzasou et deux ou trois autres communes du pays Basque, sont venus, leur Maire en tête, présenter leurs hommages respectueux à cette Princesse.

- Ils ont ensuite exécuté plusieurs danses qui ont beaucoup amusé S. A. R.; ces jeunes gens se sont fait remarquer, surtout, par l'élégance de leur costume et la précision de leurs danses, que quelques-uns regardent comme une espèce de pyrrhique, danse militaire, inventée, dit-on, par Pyrrhus.

On se plaisait d'ailleurs à voir dans cette brillante jeunesse, les descendans des anciens Vascons qui faisaient partie de la belliqueuse confédération des Cantabres.

A cet intéressant souvenir, les spectateurs ajoutaient encore leur admiration pour les peuples du Labour qui, accoutumés à braver les fières tempêtes de l'Océan atlantique, furent les premiers qui firent la dangereuse pêche de la Baleine, au milieu des glaces qui flottent dans la mer du Nord.

Le 27, la Princesse partit pour le Béarn, et fit, le même jour, son entrée à Pau. La distance qui sépare ces deux villes est de 23 lieues, de 2000 toises.

Il est difficile d'exprimer les sentimens de respect et les transports de joie que les peuples ne cessèrent de faire éclater sur la route, où l'on se rendait de toute part, pour admirer l'Auguste Fille du malheureux Louis XVI, et manifester, par les plus vives acclamations, la vénération que commandent ses vertus et l'amour qu'inspirent ses bienfaits.

Le voyage de MADAME ressemblait à une véritable fête : la population entière des deux sexes accourait de plusieurs lieues à la ronde, avec des guirlandes de verdure, des fleurs, et précédée par des instrumens de musique. On n'entendait de tous côtés, que des cris de *vive le Roi! vive* MADAME*! vivent les Bourbons !*

Ce spectacle dût paraître d'autant plus intéressant qu'il eût lieu dans une plaine vaste, fertile, couverte de nombreux villages et qu'arrosent les eaux limpides du gave Béarnais, dont les rives offrent, en outre, la ville d'Orthez, remarquable par l'industrie de ses habitans et les ruines du château de

Moncade, où les Souverains de Béarn firent long-temps leur résidence.

Au-delà et sur un humble coteau, paraît Lescar, naguères siége d'un Evêché et que des savans disent devoir être l'ancien *Benearnum*, au nom duquel a succédé celui de Lescar (*Lascurra*), à cause d'un ruisseau qui passe dans cette antique cité et qu'on appelle *Lascourre*. On trouve bientôt après la commune de Lons, qui a donné son nom à une des plus anciennes familles du Béarn, et dans laquelle on remarquait avant la révolution un très-beau château qui fut détruit à cette malheureuse époque.

Enfin, non loin de Lons, on arrive à Bilhère, lieu renommé, qui renferme la maison de Lassensàa, où HENRI IV fut nourri.

Dès que S. A. R. fut parvenue à l'arc de triomphe, où les habitans de cette commune se trouvaient réunis, Elle s'informa, avec le plus grand empressement, de l'endroit où la maison dans laquelle HENRI IV avait été nourri, est située. A peine eut Elle vu sa position, qu'Elle s'élance de sa voiture et s'y rend avec le Maire de la commune, au milieu d'une population ivre du bonheur de retrouver, dans cette Auguste Princesse, la confiance et la bonté dont le bon Henri aimait à donner aussi des preuves à ses sujets.

Elle pénètre dans cette modeste habitation et là parcourt, tournant ses regards de tous côtés, et s'informant avec émotion des moindres particularités, extrêmement satisfaite de cette visite.

L'Auguste Princesse, après avoir dit des choses flatteuses à quelques personnes du groupe qui s'était formé tout au tour, repartit de Bilhère et arriva à Pau vers trois heures et demie; Elle reçut de la part des habitans, à son entrée, les témoignages les plus éclatans d'admiration, d'amour et de respect que S. A. R. trouve dans tous les lieux qu'Elle daigne honorer de sa présence.

La Grand'Rue offrait le coup d'œil le plus pittoresque : ce n'était, de tous côtés que drapeaux blancs, devises, emblèmes ingénieux, portraits d'HENRI IV, couronnes de fleurs, guirlandes de verdure.

Une population immense ne cessa d'accompagner S. A. R. aux cris mille fois répétés de *vive le Roi! vive* MADAME! *vive le duc d'Angoulême! vivent les Bourbons!*

MADAME descendit à l'Hôtel de la Préfecture, où Elle fut reçue par M. le lieutenant-général, baron d'Alméras, commandant la 11.e division militaire; par M. le Préfet du département et Madame Dessolle.

Bientôt après, la Cour Royale et successivement toutes les autorités civiles et militaires, furent présentées à la Princesse. M. le Maire avait été prié d'offrir à S. A. R., une Notice Historique sur le Château et la Ville de Pau, ouvrage de M. Palassou. MADAME a bien voulu l'agréer et dire qu'Elle le lirait avec plaisir. S. A. R. a paru le feuilleter, dès le premier moment, avec le plus grand intérêt. Elle a daigné admettre à sa table plusieurs personnes distinguées par leur rang.

A huit heures, plus de cent cinquante dames et demoiselles eurent l'honneur de faire leur cour à S. A. R...... Tel est l'extrait des intéressans détails qu'on trouve dans le Mémorial Béarnais.

De Pau à Saint-Sauveur.

Le lendemain de son arrivée à Pau, MADAME partit à six heures et demie du matin pour Saint-Sauveur, en passant par Tarbes ; mais avant son départ, Elle alla visiter le Château d'Henri IV et l'Hôtel de Gontaut.

On peut bien croire qu'il dût en coûter à MADAME, d'être obligée de s'éloigner sitôt du Berceau du Bon Henri, et malheureusement en sortant de Pau, nul agréable paysage ne s'offrait à ses yeux pour la distraire du triste aspect des Landes qui séparent les plaines du gave Béarnais et celles de l'Adour ; mais arrivé à la vue de ces fertiles et dernières campagnes, on jouit de toute la pompe du règne végétal.

Au tour de la ville de Tarbes, s'étendent des terres si fécondes, que le voyageur se croit transporté dans cette heureuse Campanie, que Bacchus et Cérès se disputent la gloire d'enrichir. La distribution de la vigne en festons et en guirlandes, dans des *hautins*, régulièrement alignés, la fraîcheur des prairies, arrosées par l'Adour et l'Echez, animent l'imposant tableau des montagnes. On admirait, en outre, autrefois, au milieu de ces campagnes agréables et fertiles, le magnifique château de Séméac, appartenant à la maison de Gramont, et qui n'offre plus que des ruines depuis la révolution Française.

En remontant, ensuite, cette belle plaine, on laisse

sur la rive gauche de l'Adour, la commune d'Odos, où la Reine Marguerite se plaisait quelquefois à séjourner, et où elle mourut, à la suite d'un catharre dont elle fut atteinte, en observant une comète.

Il ne faut pas confondre cette terre avec celle d'Audaux en Béarn, anciennement possédée par la maison de Gontaut et qui devint ensuite, une propriété de la famille de Gassion.

Si l'on continue d'avancer, vers le Sud, on traverse la *Lanne-Mourine*, située près d'Ossun, et fameuse par la bataille qui s'y donna au commencement du huitième siècle, entre les Sarrazins et les habitans du pays; ce champ de bataille est dominé du côté de l'Ouest, par un camp retranché dont l'origine est inconnue.

On remarque à l'O. de Lanne-Mourine, le bourg d'Ossun; il est aussi bien bâti et non moins peuplé que beaucoup de villes; les habitans se sont toujours distingués de leurs voisins, par la singularité de leur costume, de leur langage et de leurs mœurs. C'est de là que sortent les rouliers, connus sous le nom de *Beùraires*, dont les pesantes voitures portent plusieurs sortes de marchandises, dans toutes les parties de la France et même de l'Europe.

Le bourg d'Ossun était une très-ancienne seigneurie, qui produisit Pierre d'Ossun, qui se distingua à la bataille de Cérisoles en 1544. S'étant laissé entraîner par les fuyards à celle de Dreux, il mourut de douleur d'avoir fui devant l'ennemi.

Hâtons-nous d'arriver à Lourdes, située au débouché des montagnes, et fondée, ainsi que le château qui la commande, pour arrêter les ennemis de l'Etat.

A peine a-t-on outre passé cette ville, qu'on entre dans la région inférieure des Pyrénées, par une gorge étroite, où l'on remarque de nombreuses ardoisières; mais en avançant vers le Sud, on découvre la plaine d'Argelés où se fait la réunion de plusieurs torrens qui, après avoir précipité leur cours à travers les rochers, coulent sur un sol propre à différentes productions. Ici, des campagnes semées de froment et de maïs, fournissent également à la subsistance du riche et du pauvre; là, les plus belles prairies assurent un asile aux troupeaux que les neiges de l'hyver chassent du sommet des Pyrénées. Près des lieux habités, des vergers, dont l'épais feuillage couvre les canaux destinés à féconder les terres, enchantent la vue par la diversité des fruits. Ce délicieux vallon est dominé par des montagnes qu'embellissent des bois épars, de gras pâturages, entrecoupés d'une infinité d'habitations : tableau qui, sans embrasser beaucoup d'étendue, n'offre pas moins le plus agréable mélange.

On voit au S. E. d'Argelés, sur la rive droite du gave Béarnais et à la distance d'environ 2500 toises, l'antique château de Beaucens, que Madame de Motteville compare dans ses Mémoires à l'habitation secrète d'Urgande; il domine la plaine d'Argelés qui charme par la variété des objets qui s'offrent à la vue.

L'abbaye de Saint-Savin et les ruines du château de Beaucens, dit l'auteur de l'itinéraire des Hautes-Pyrénées, donnent une teinte religieuse au paysage. Ces tours, à demi rongées par l'âge, ces décombres épars au milieu d'une végétation brillante, émeuvent l'imagination et remplissent l'ame d'une douce mélancolie; on ne peut faire un pas dans cet arrondissement sans trouver des restes de fortifications. Dans cette seule vallée, Geu, Vidalos, Saint-Pastous, Beaucens, Soulon, Saint-Savin, Arcizans-Avant et Arras, avaient des châteaux forts ou des tours. Ces anciens monumens, qui ne servent aujourd'hui qu'à varier le paysage, étaient autrefois autant de redoutes contre les Miquelets, qui, du haut des montagnes Espagnoles, tombaient à l'improviste sur ces tranquilles vallons, et s'en retournaient chargés de butin après avoir semé partout la terreur et la désolation.

Ces tours, qui se correspondent, étaient encore des espèces de télégraphes, à l'aide desquels on se faisait des signaux, en allumant des feux et en agitant des flambeaux pendant la nuit; elles servaient de moyen de ralliement aux habitans des vallées qui, exempts de la milice, étaient spécialement chargés de la défense des frontières.

Une transaction, passée entre les habitans de la vallée d'Aspe et ceux de Lavedan, est trop singulière pour ne pas en rapporter ici le titre.

Contrat du premier juin 1348, *de la paix faite, entre les vallées d'Aspe et de Lavedan, par l'ordre du Pape, qui avait absous la terre, les habitans et les bestiaux de Lavedan, du péché commis par l'abbé de Saint-Savin, en faisant mourir par art magique, grand nombre d'habitans d'Aspe, pour les courses et ravages qu'ils faisaient en Lavedan; en punition duquel péché, la terre, ni les femmes, ni les bestiaux de Lavedan, n'avaient porté aucun fruit durant six années.*

Sur une riche et verdoyante colline qui domine le vallon d'Argelés, on aperçoit, en outre, le château de Miramont, situé près de Saint-Savin et dans une très-belle position. Il appartient à M. Despourrins, petit-fils du charmant poète auquel on est redevable des chansons Béarnaises, depuis long-temps si avantageusement connues dans nos montagnes et les pays adjacents. On y trouve, selon M. Laboulinière, des pensées vraiment poétiques, ornées de toutes les grâces du langage; il a écrit dans cet idiome, avec le goût et la finesse que pourraient comporter les langues les plus harmonieuses, les plus propres à peindre les idées érotiques et champêtres.

M. Serviés, Préfet du département des Basses-Pyrénées, ne parle pas moins favorablement de l'idiome Béarnais. Cet estimable administrateur dit « qu'il est » abondant, qu'il se prête, comme l'Italien, aux ac- » cords de la musique et à la cadence poétique et » pastorale, dont la beauté et la délicatesse appro- » chent des Eglogues de Virgile. »

A l'extrémité du vallon d'Argelés, est le village de Pierre-Fitte, près duquel s'élève une longue chaîne de roches noirâtres et qui, dans la direction des

couches, offrent une régularité merveilleuse, on y
admire, en outre, le magnifique chemin qui mène
aux bains de Barèges par une gorge étroite et profonde. La nature qui, dans les maux dont, elle acca-
ble l'humanité, semblait avoir voulu lui dérober l'u-
sage de ces eaux salutaires, en les plaçant dans les
déserts les moins accessibles, a été forcée de se prê-
ter aux vues bienfaisantes du Gouvernement : les
flancs des montagnes ouverts, d'effroyables ravines
comblées, des ponts construits sur des torrens impétueux, ont fait disparaître tous les obstacles qui
empêchaient d'approcher de ce lieu. On regardait
dans ce pays-là, comme un miracle, de voir des
chaises roulantes et des charrettes. On alla visiter,
par curiosité, les premières qui y arrivèrent en 1744.

Mais l'admiration produite par ces prodiges de
l'art, dédommagent faiblement de l'extrême aridité
qu'on observe sur les bords du Gave Béarnais, et dont
le voyageur n'est pas moins attristé que de la couleur
noirâtre des rochers. Il faut arriver au bassin de Luz
pour jouir de la plus agréable perspective. Il renferme
les bains de *Saint-Sauveur*, situés à une très-petite
distance de Luz, et à la rive gauche du Gave. Les
maisons y sont bâties contre l'escarpement de la montagne et rangées sur deux files que sépare une rue
assez large ; celles d'un côté sont adossées contre
le rocher, tandis que de l'autre paraissent comme
suspendues sur des précipices, au fond desquels le
Gave roule ses eaux mugissantes. De riantes prairies,
des bosquets touffus, de nombreuses cascades, des
eaux vives qui circulent de toutes parts, donnent à

ce site, l'air d'un lieu enchanté, en font le séjour le plus agréable pendant la saison des eaux.

La découverte de ces sources thermales est d'une date fort ancienne : mais cet établissement ne fut long-temps autre chose qu'un grand bassin voûté, où les habitans de la vallée venaient prendre des bains par propreté où par agrément. Peu à peu on leur reconnut des vertus médicinales, et les magistrats du canton firent construire, à côté du bassin, une petite maison destinée à recevoir les malades au sortir du bain.

Malgré les cures souvent réitérées, la réputation de ces eaux ne s'étendait guères au-delà des bornes de la vallée, lorsque M. l'abbé de Bezegua, professeur en droit à l'Université de Pau, atteint d'une dysurie chronique, vint chercher à Barèges un remède à son mal. Des bains trop chauds ayant agravé ses douleurs, M. l'abbé descendit à Luz, fit usage des eaux de Saint-Sauveur, et y trouva la guérison qu'il avait en vain cherchée à Barèges. Pénétré de reconnaissance, il publia l'efficacité des bains qui l'avaient guéri. Dès-lors le concours des malades devint plus grand, les cures furent fréquentes, et la célébrité des eaux de Saint-Sauveur commença.

Les Bordelais furent les premiers à la lui donner, ainsi que Madame la marquise de Gontaut qui, depuis quelque temps, les fréquente annuellement. Il est facile de concevoir combien le concours de monde doit augmenter depuis que MADAME, Duchesse d'Angoulême, leur a accordé la préférence sur toutes les sources thermales de la France.

De Saint-Sauveur à Barèges.

L'Auguste Fille du Roi Martyr, dès le premier jour
de son arrivée à Saint-Sauveur, se montra empressée
de parcourir les lieux circonvoisins qui offrent le plus
agréable paysage : on ne sait ce qu'il faut admirer le
plus, ou des flancs des montagnes, ou des riches
prairies situées dans un délicieux vallon, au milieu
duquel des eaux, abondantes et pures, affluent de
toutes parts. On distingue, parmi ces nombreux torrens, le Gave de Barèges qui, par la rapidité de son
cours, roule de gros blocs de différentes roches, en-
traîne le gravier et les sables qui proviennent de leurs
débris, avec un tel fracas, qu'il semble menacer
d'une entière submersion, la charmante plaine que
ces flots écumeux arrosent.

Les premiers objets qui excitent ensuite la curiosité du voyageur, sont les bains de Barèges, situés
dans la vallée de Bastan, dont on va trouver ici une
courte description.

La vallée de Bastan, que la nature a traitée avec
rigueur, dépourvue des ornemens répandus, avec tant
de profusion dans les contrées adjacentes, n'a pour
partage qu'une triste uniformité. Aucune plaine ne
la sépare des montagnes qui la dominent, et l'espace
étroit qu'elles laissent aux bords des torrens, n'est
couvert que de débris.

Cependant la pente de ces montagnes, quoique
très-roide, ne se refuse pas entièrement aux travaux

du cultivateur ; il y recueille une petite quantité de bled proportionnée à la modicité de ses besoins ; on découvre aussi des habitations humaines sur des rochers et au bord des précipices où l'on ne cherche que les aires des Vautours.

Après avoir considéré cette singulière perspective, vous ne trouvez au-delà que des montagnes dont la vue inspire moins d'étonnement que de tristesse. Vous n'êtes ému ni par le spectacle imposant de la nature, ni enchanté par la variété d'un riche paysage : les forêts même, cette belle parure des régions montagneuses, ne couvrent aucune partie de la vallée de Bastan; suivez-la, depuis les environs de Barèges jusqu'au Tourmalet; parcourez les solitudes qui entourent le Pic-du-midi, et vous verrez avec peine qu'on ne découvre pas un seul arbre qui, de son ombrage, forme un asile contre les rayons du soleil. Mais si Barèges n'offre pas un séjour agréable, on y trouve du moins des sources thermales, qui produisent des effets miraculeux.

Gagnons le sommet du Pic-du-Midi, d'où nous porterons au loin la vue, pour nous dédommager de l'aspect monotone des environs de Barèges. Cette montagne s'élève dans la région des Pyrénées, qui sépare Bagnères de ce lieu ; sa hauteur, suivant MM. Reboul et de Van-Duffel, est de 1506 toises au-dessus du niveau de la mer ; de cette montagne chauve, qui présente d'affreux précipices du côté du nord, les yeux de l'observateur commandent sur les contrées de l'Aquitaine ; il aperçoit Bagnères, Tarbes et Saint-Gaudens à ses pieds ; il reconnaît

le berceau d'Henri IV; il voit dans les domaines
de ce Grand Roi, les plaines se confondre avec les
collines et s'étendre à l'infini ; la vue se portant ensuite sur les Pyrénées, elle parcourt une surface immense, creusée de profondes cavités et hérissée de
monts sourcilleux ; cette grande chaîne pierreuse
n'offre point de bornes à l'œil qui, toujours attiré
sans être jamais fixé, se perd dans d'horribles et vastes solitudes.

Dans une de ses excursions à Barèges, S. A. R.
avait donné une somme de cinq cents francs aux
sous-officiers et soldats qui prennent les eaux dans
les établissemens thermaux de cet endroit. C'est le
10 juillet 1823 que ces militaires se réunirent dans
un banquet pour fêter la libéralité de l'auguste Princesse; la journée était superbe : une table de 150
couverts avait été dressée sur la petite place qui se
trouve devant l'hôpital militaire; ce qui permettait
à tout le monde de jouir du coup d'œil animé que
présentait cette réunion. Des couronnes, des drapeaux blancs, des devises exprimaient le dévoûment
de ces Braves pour les Bourbons; mais surtout la
gaîté bruyante des convives, les chants royalistes,
les cris de *vive le Roi! vive Madame!* répétés avec
enthousiasme, donnaient, à ce banquet des Braves,
l'air d'une véritable fête de famille.

Parmi les nombreuses inscriptions qui exprimaient
les sentimens de ces militaires, presque tous couverts d'honorables cicatrices, se faisait remarquer
celle-ci par sa noble simplicité : *après Dieu, tout
pour le Roi. (Echo du Midi.)*

De Saint-Sauveur à Cauterets.

S. A. R. est partie de Saint-Sauveur pour Cauterets, à huit heures et demie du matin, le 2 juillet, dans une voiture à quatre chevaux, avec une suite peu nombreuse : le Sous-préfet et le Colonel de la gendarmerie l'y ont précédée. On compte 5 lieues de deux mille toises (mesures dont j'userai par la suite) entre ces deux endroits.

A peine arrivée dans ce lieu thermal, Elle est montée en chaise à porteur, accompagnée de sa suite, a visité les bains, les cascades, et s'est arrêtée au pont d'Espagne. Par un *quiproquo* des porteurs, fondé sans doute sur la pluie qui commençait à tomber, Elle a ensuite repris la route de Cauterets sans aller au lac de Gaube. Quand Elle s'en est aperçue, Elle a témoigné, avec une douceur angélique, qu'Elle était contrariée de n'avoir pas été comprise. Tous demandaient à redoubler le chemin, mais Elle ne l'a pas voulu, dans la crainte de trop fatiguer les porteurs et de manquer de temps.

Elle a remarqué avec bonté que Cauterets qui, prévenu peu avant son arrivée, n'avait pas eu le temps de décorer ses rues, s'est trouvé parfaitement pavoisé de drapeaux blancs et tapissé de verdure, à son retour de la montagne, et que la population, difficile à contenir autour d'Elle, n'a cessé de donner les marques les plus éclatantes de l'enthousiasme que sa présence inspire en tous lieux. Elle s'est reposée trois quarts d'heure dans la maison de M. Labbat aîné, a légèrement déjeuné avec sa cour, est montée presque toujours à pied aux sources de l'Est, et à quatre heures et demie, Elle était sur la route de Saint-Sauveur.

Rien n'égale l'activité et l'exactitude de l'auguste voyageuse, si ce n'est sa bienveillance et la munificence de ses aumônes et libéralités.

Le Maire de ce lieu thermal est au comble du bonheur, d'avoir reçu des éloges de MADAME, qui, deux fois, lui a dit : « Vous êtes un fort bon Maire, on est très-content de vous. » M. Labbat cadet, médecin inspecteur adjoint, a eu l'honneur de l'entretenir plusieurs fois. Le curé du lieu lui a été présenté, quand Elle est allée visiter l'église. Enfin, en montant en voiture au milieu des acclamations de tout un peuple ivre de joie, Elle a dit au Sous-préfet : « Je suis fort contente de ma promenade ; je vous remercie de votre déjeuné. » (*Echo du Midi.*)

Voici comment l'auteur du voyage dans les Pyrénées Françaises s'exprime relativement à Cauterets : « Ce lieu est placé dans un vallon solitaire ; des habitations éparses l'environnent et servent aux troupeaux ; plusieurs sont habitées. De longs cordons » de forêts les entourent d'un filet de verdure ; les » sapins et les pâturages s'entremêlent alternative- » ment, et rétrécissent l'horison ; on reconnaît une » culture assidue et dirigée avec industrie. Douze » fontaines minérales attiraient à elles seules la vogue.

» Les eaux des Cabanes ou des Pères, les plus an-
» ciennes, sont abandonnées, depuis que celles de
» la Raillère, découvertes (1600) par un troupeau
» de chèvres, réunissent les vertus des autres fontai-
» nes pour la cure des maux d'estomac et les phty-
» sies humides. La Raillère devient un préservatif et
» souvent un remède.

> » Source pure où l'on puise, où l'on boit la santé,
> » Où la beauté flétrie, au moment d'être éclose,
> » Vient embellir son teint des couleurs de la rose.

» Le nom de quelques fontaines de Cauterets est
» une espèce d'hommage rendu aux hommes illustres
» qui les ont fait connaître. Celle du Roi rappelle
» la guérison d'Abarca, premier Roi d'Aragon. Mar-
» guerite, sœur de François I.er, a donné son nom
» à la fontaine dont elle usait fréquemment. »

M. Davezac-Macaya rapporte qu'à Cauterets est un
bain de César, de construction Romaine; piscine
voûtée, jadis éclairée par deux ouvertures ovales.

Charlemagne, bienfaiteur des Bénédictins de Saint-
Savin, leur donna les bains de Cauterets; ce que M.
Marca nous apprend : « Ramond, comte de Bigorre,
dit-il, dota le couvent de Saint-Savin, fondé par
Charlemagne, de plusieurs rentes contenues en la
carte qui s'est égarée; lesquelles il augmenta depuis,
comme l'on voit dans l'acte de la seconde dotation
qui est de l'année 945. Il donna à ce nouveau monastère la vallée de Cauterets, à la charge d'y bâtir
une église sous le nom de *Saint-Martin*, et d'y tenir

en état les logemens pour les bains qui étaient en
usage avant ce temps, aussi bien que maintenant;
leur octroya le quartier ou l'épaule des sangliers qui
seront pris en cette vallée, et en toute l'étendue du
paschal de Saint-Savin, entre les ponts. » *Histoire
de Béarn, pag.* 803.

Le vallon de Cauterets est une branche de la vallée de Lavedan : il se prolonge depuis Pierre-Fitte,
du nord au sud, jusqu'aux limites de la France et
de l'Espagne; il n'offre dans presque toute sa longueur qu'une gorge étroite, dominée par des montagnes très-élevées, dont quelques-unes sont couvertes de bois, d'autres entièrement nues : ce vallon est
arrosé par un torrent dont les eaux vont se mêler
avec celles du Gave, au-dessous de Pierre-Fitte, et
qui dans son cours se précipite de rocher en rocher.

On admire principalement une de ces cascades naturelles à une petite distance au sud des bains de
la Raillère; ce torrent roule ses eaux sur la surface
rapide d'une roche de granit, qui sillonnée transver-
salement, les fait jaillir au loin ; dans ce saut impétueux elles décrivent une ligne courbe, en retombant
sur le granit d'où elles s'élancent de nouveau, en suivant de même jusqu'à leur chute une portion de cercle. De cette belle cascade sortent des jets d'eau qui
forment une pluie continuelle, accompagnée d'un
brouillard blanchâtre ; plus bas le torrent se précipite avec violence à travers les ruines de ses bords
et les couvre de son écume; des rochers sans nombre s'opposent à son passage, et ne font qu'accroître

son impétuosité et augmenter le bruit des vagues. Les montagnes qui resserrent son lit, produisent les mêmes effets.

Le vallon de Cauterets est orné de petites prairies qui, entrecoupées de canaux, prouvent que les habitans entendent parfaitement bien la manière d'asservir et de distribuer les eaux, pour répandre dans les pâturages toute la fécondité dont ils sont susceptibles. Les bains les plus fréquentés sont situés dans un lieu qu'on nomme la *Raillère* et distant de Cauterets d'environ 800 toises. Avant que d'y arriver on traverse le Gave, sur un pont dont les pilliers ont pour base la roche granitique; ce pont est le terme des pénibles efforts que l'homme a dû employer pour défricher quelques petites portions d'une terre couverte de rochers.

Au-delà, l'herbe fleurie, l'or des moissons cessent de flatter la vue; elle ne rencontre plus que des aspects rudes et sauvages; les montagnes ne présentent que des roches stériles, ou des forêts de noirs sapins, repaire des ours et du Lynx. *Felis cauda abreviata, apice atra, auriculis apice barbatis.*

Le 26 juillet 1777, M. le vicomte de Carbonières a eu l'honneur de présenter au Roi un Lynx qui avait été pris dans les montagnes des environs de Cauterets. Cet animal rare, et dont on croyait l'espèce perdue en Europe, s'est trouvé dans les Pyrénées, à la suite de sa mère, qui fut tirée d'un coup de fusil par un paysan, et lui échappa; son petit qui n'avait que huit à dix jours, tomba entre les mains du chasseur,

qui le vendit à M. le vicomte de Carbonnières, il y
a environ huit mois; cet animal est parfaitement con-
forme à la description qu'en a faite M. le comte de
Buffon dans son *Histoire Naturelle*. Le Roi l'a fait
mettre à la Ménagerie. *Voyez la gazette de France
du lundi 28 juillet* 1777, n.º 6.

A l'entrée de ces affreux déserts, on remarque les
bains de la Raillère; les sources minérales de ce lieu,
jaillissent du sein du granit; autour d'elles sont entassés, sans ordre, des blocs énormes et innombrables
de cette roche, tristes débris provenant de la destruction des montagnes environnantes : le granit n'a pu
résister, malgré sa grande dureté aux ravages du temps,
qui consume les matières les moins sujettes à se détruire et change insensiblement la surface du globe;
la destruction de ces masses graniteuses qui s'étendent jusqu'au delà du lac de Gaube doit être l'ouvrage d'une infinité de siècles; si l'on en juge par les
obélisques de granit, élevés en Egypte il y a quatre
mille ans; superbes monumens qui embellissent aujourd'hui la ville de Rome, sans avoir souffert aucune altération.

Les montagnes de granit des environs de Cauterets
pourraient fournir, pour la sculpture et l'architecture,
des blocs d'une grosseur prodigieuse, sans être cou-
pés par aucun fil. On est redevable de la découverte
de cette roche, dans plusieurs contrées de l'Europe,
aux naturalistes modernes. La masse du granit qui
sert de piedestal à la statue équestre de Pierre-le-
Grand, a été tirée d'un marais, près d'une baie que

forme le golfe de Finlande; ce bloc énorme qui pèse trois millions deux cents mille livres a été transporté et placé à Pétersbourg; le succès de cette hardie entreprise, ne permet plus de dire avec l'illustre Bossuet, qu'il n'appartient qu'à l'Egypte de dresser des monumens pour la postérité.

De Saint-Sauveur à Bagnères de Bigorre.

S. A. R. fit son entrée dans cette dernière ville, le 8 juillet, à dix heures et demie du matin. Après avoir traversé dans sa route la ville de Lourde, la baronnie des Angles et le village de Montgaillard, situé sur la rive gauche de l'Adour, en laissant à quelque distance sur la rive droite de cette rivière, la commune de Barbazan, dont un seigneur de ce lieu rendit le nom très célèbre par ses glorieux exploits : ce fut Arnaud-Guillaume de Barbazan, chambellan du roi Charles VII, et général de ses armées. Honoré par son maître du beau titre de chevalier sans reproche, il mourut en 1432, des blessures qu'il avait reçues à la bataille de *Belle-Ville*, près de Nanci. On l'enterra à Saint-Denis, auprès de nos Rois, comme le connétable Duguesclin, dont il avait eu la valeur. Charles VII, lui permit de porter dans son écu les trois fleurs de lys de France sans Brisure ; il lui donna, dans des lettres patentes, le titre de *restaurateur du Royaume et de la couronne de France*.

La princesse après avoir traversé Montgaillard, arriva par une belle plaine à Bagnères où les eaux les plus pures et les plus limpides coulent de toutes parts ; elles proviennent de l'Adour, rivière qui, divisée en plusieurs canaux, répand, dans les terres qu'elle arrose, les mêmes bienfaits que le Nil en Egypte, où, quelque grande que soit la sécheresse, l'herbe, suivant l'expres-

sion d'un ingénieux poëte, n'implore point le secours
de Jupiter pour obtenir de la pluie : le plus remarquable de ces canaux, qui porte le nom d'Alaric et dont
on attribue la construction à ce Roi goth, se prolonge
depuis les environs de Pouzac jusqu'au delà de Rabas-
tens ; ce canal aurait, dit-on, été construit pour fournir
de l'eau à un camp établi près de cette commune.

On jouit de cet agréable paysage, non loin du village de Trebons près duquel on remarque un oratoire
qui a fourni à la plume de M. Lalanne de Dax, le sujet
des vers suivans, relatifs à M. le vicomte de Ségur qui
mourut à Bagnères en 1805.

« Du passé qui n'est plus, au présent qui m'appelle
» J'arrive ; et vers Trébons, s'offre à moi la chapelle
» Où du jeune Ségur les mânes exilés,
» Par la religion, sont, du moins, consolés.
» Dans ce lieu, qu'au-dehors une eau courante arrose,
» Sous le marbre muet le poëte repose.
» Pour lui s'élève au Ciel, du Tabernacle en deuil,
» La prière des morts et l'encens du cercueil.
» Tout ici frappe l'âme, et l'oratoire agreste,
» Et le ruisseau qui passe, et la tombe qui reste.

Bagnères, poëme, page 6.

La ville de Bagnères est située au milieu de cette
plaine fertile : c'est un lieu de plaisir et de santé,
fréquenté jadis par la jeunesse brillante et volup-
tueuse de Rome ; plus tard, par les Rois de Navarre, la noblesse Française et Montaigne ; aujour-
d'hui, par tout ce que l'Europe a de plus illustre et
de plus aimable.

Quelle situation que celle de Bagnères! Plus de vingt fontaines minérales embarrassent le choix des baigneurs qui viennent ici, tous les ans, faire provision de santé, ou s'y délasser de leurs travaux et des insipides plaisirs des grandes villes. La salubrité de l'air, de beaux logemens, où la richesse a toujours été employée par le goût, et la prodigieuse abondance des sources, lui donnent un rang de suprématie sur toutes les eaux minérales de la France. Elle a réuni, dans ses beaux jours, jusqu'à huit mille étrangers à la fois. *Itinéraire topographique et historique des Hautes-Pyrénées*, p. 149. A tous ces avantages se joignent la politesse et l'urbanité de ses habitans.

Le poëte Dubartas, qui nâquit en 1544, peint l'heureuse position de Bagnères; il ajoute en outre les vers suivans :

> Les monts enfarinés d'une neige éternelle,
> La flanquent d'une part : la verdure immortelle
> D'une plaine qui passe en riante beauté,
> Le vallon Pénean la ceint d'autre côté.
> Elle n'a point maison qui ne semble être neuve,
> L'ardoise luit partout : chaque rue a son fleuve,
> Qui clair comme cristal par la ville ondoyant,
> Va toute heure qu'on veut, le pavé balayant.
> Et bien qu'entre son flot, aussi froid que la glace,
> Et le bain chasse mal, on trouve peu d'espace ;
> Il retient sa nature et ne veut tant soit peu
> Mélanger, orgueilleux, son froid avec son feu.

Essais sur la ville de Bagnères, département des Hautes-Pyrénées.

M. le Maire, à la tête du corps municipal, reçut

Madame, duchesse d'Angoulême, à l'entrée de la ville, sous un arc de triomphe. S. A. R. ordonna que la voiture allât au pas. Les rues qu'Elle traversa étaient plantées d'une double rangée d'arbres verts, ornés de guirlandes et de couronnes; des drapeaux blancs flottaient à toutes les fenêtres, et les habitans faisaient retentir les cris répétés de *vive le Roi! vive Madame!* S. A. R. descendit à l'hôtel que M. le Maire avait fait disposer pour la recevoir.

La Princesse, accompagnée de toutes les autorités, se rendit, à pied, sur le lieu où les fondemens du nouvel établissement thermal, qui doit porter le nom de *Thermes de Marie-Thérèze*, avaient été creusés; Elle daigna y placer deux médailles, rappelant le souvenir de cet événement : quand la cérémonie fut terminée, Madame daigna faire don à M. Dufourc-d'Antist de la truelle et du marteau d'argent qui lui avaient servi.

En continuant les fouilles, on a trouvé des revêtemens de marbre artistement travaillé, qui font présumer que des thermes romains avaient existé sur cet emplacement; ils consistent en piscines communément carrées, revêtues de marbre d'un travail soigné, et que le temps avait couvert de plusieurs couches de sédiment.

On a découvert, en outre, dans ces fouilles, des médailles du règne d'Auguste, de Trajan, de Marc-Aurèle et de plusieurs autres empereurs. On a trouvé aussi une médaille formée de deux plaques de cuivre;

elle est vuide dans l'intérieur et paraît avoir servi à renfermer des cendres de quelques romains ; d'un côté elle représente la tête d'une jeune fille, d'un dessein parfait et de l'autre le squélette d'un guerrier tenant une lance de la main gauche. On y lit ces mots, *chispina Augusta*. Voyez le *Mémorial Béarnais* du 10 septembre 1824.

Oïhenard, *in notitia utriusque Vasconiæ*, rapporte plusieurs inscriptions, qui prouvent que les eaux de Bagnères étaient connues des Romains.

Vicus aquensis, hodiè Bagnères *à thermis, seu aquis salubribus, quas sinu suo emittit, id nomen adepta ; harum usus non recens, sed antiquus et Romanis etiam, illa regione potientibus, cognitus atquè usurpatus fuit, ut ex aquensium cognomine ejusdem urbis civibus in veteri inscriptione attributo, et ex votis Nymphis, pro salute accepta redditáque, solutis elicitur.*

Vetus lapis domus cujusdam Bagneriarum urbis parieti juxta portam salariam affixus.

I.   NYMPHIS
PRO SALV-
TE SVA SE
VER. SERA-
NVS V. S. L. M.

Alia etiam venerandæ vetustatis vestigia, vicinus isti urbi ager ostentat. Posaco monte, inter veteris columnæ rudera, jacet lapis his litteris notatus.

II.　　　MARTI
　　　　　INVICTO
　　　　　CAIVS
　　　　　MINICIVS
　　　　　POTITVS
　　　　　V. S. L. M.

La pierre, sur laquelle cette inscription est gravée,
se trouve aujourd'hui à Bagnères, sur le mur du jardin de M. Duzer.

*At bina marmora, quæ campestri vico, asca in
vice-comitatu asteriensis non procul Bagneriis pros-
tant, numinis cujusdam, Bigerronibus culti, nomen
hactenus ignoratum aperiunt, alterique eorum disci
atque urcei figura insculpta est..*

III.　　AGHONI　　IV.　　DEO
　　　　DEO　　　　　　　　GHONI
　　　　LABVSIVS　　　　　AVLIVI
　　　　V. S. L. M.　　　　AVRINI
　　　　　　　　　　　　　　V. S. L. M.

MADAME, après avoir placé les deux médailles du
nouvel établissement, a visité la chapelle de l'hôpital
et les différentes salles de cet établissement; Elle y
a laissé des marques de son inépuisable bienfaisance.
De là, Elle s'est rendue à la source ferrugineuse, à
laquelle Elle avait permis qu'on donnât le nom de
Fontaine d'Angoulême; Elle a goûté l'eau qui lui a
été présentée par le médecin inspecteur. Elle s'est re-

posée un instant dans une rotonde élégante, disposée pour la recevoir, en a admiré le point de vue.

A son retour en ville, S. A. R. est montée en calèche découverte, a visité les principaux établissemens.

L'auguste Princesse s'est ensuite dirigée vers la vallée de Campan, où des préparatifs avaient été faits pour sa réception.

. En sortant de Bagnères, le premier bâtiment qui s'offre à la vue du voyageur est l'ancien couvent des capucins de Medoux, fondé par la maison de Gramont. On voit derrière cette habitation, sortir d'une double grotte, un ruisseau paisible, abondant en truites : son volume d'eau étonne et se mêle à l'Adour à peu de distance.

En continuant de remonter la rive gauche de cette rivière, on aperçoit bientôt après, sur la rive droite, les ruines du château d'Asté, qui, selon le témoignage du célèbre auteur des *Essais Historiques sur le Bigorre*, fut bâti par Jean III, vicomte d'Asté, qui vivait en 1433. Il est situé près d'un torrent qui coule au pied de ces antiques murs, et dans lequel on indique un abreuvoir où HENRI IV faisait, dit-on, désaltérer sa monture quand il allait voir Corisandre d'Andoins. Les habitans désignent encore aujourd'hui cet abreuvoir sous la dénomination de *Laca de Bourbon.*

On sait que Philibert de Gramont et de Thoulongeon, comte de Gramont, vicomte d'Asté, prit alliance avec cette riche héritière. Elle était vicomtesse de Louvigni, fille unique de Paul vicomte de Louvigni et sieur de Lescun. Il se signala en diverses occasions, et mourut au siège de la Fère l'an 1580, âgé d'environ 27 ou 28 ans; laissant Antoine II et Catherine de Gramont, femme de François de Caumont, comte de Lauzun.

A l'occasion de la commune d'Asté, on me permettra de dire que je l'ai visitée plus d'une fois; mais le voyage dont j'aime le plus à me rappeler le flatteur souvenir, est celui que j'eus l'honneur de faire avec M. le comte de Gramont, qui, après avoir été élu, en Béarn, député aux états généraux du royaume, se montra curieux, avant de retourner à Paris, de parcourir une des parties les plus intéressantes des Pyrénées.

Nous partîmes de Pau avec M. le baron de Laussat et visitâmes successivement les bains de Cauterets, de Saint-Sauveur, les montagnes de Gavarnie, les eaux de Barèges, la vallée de Campan et la commune d'Asté, dont M. le comte de Gramont avait porté le nom. Enfin, nous arrivâmes à Bagnères, lieu charmant où, suivant l'heureuse expression de M. Ramond, le plaisir a ses autels, à côté de ceux d'Esculape, et veut être de moitié dans ses miracles.

En avançant vers le sud, on arrive au bourg de Campan. L'observateur, ravi de la beauté du paysage, oublie l'objet principal de ses recherches, pour comtempler les bords de l'Adour, tapissés d'une riante verdure; l'aspect des montagnes ne fixe pas moins

son attention; il voit celles de la rive gauche ornées
de prairies, de bocages et de futaies.

Les montagnes de la rive droite n'offrent que
d'arides rochers de marbre gris, parmi lesquels on
remarque une grotte profonde, inaccessible aux rayons
du soleil; on y trouve des cristallisations calcaires;
une inscription gravée au fond de cet antre, apprend
que Madame la comtesse de Brionne la parcourut
en 1766.

On trouve au sud de cette grotte l'a marbrière
de Campan. Elle présente communément du marbre
mêlé de vert et de rouge; le schiste argileux et la
terre qui la composent, ne sauraient résister long-
temps aux injures de l'air et aux causes générales de
destruction remarquable dans les Pyrénées. Cette dégradation se retrouve dans les huit colonnes ioni-
ques, de marbre de Campan, qu'on voit au château
de Trianon.

Le marbre de Campan n'est pas le seul de cette
sorte que les Pyrénées renferment; il est aussi très-
abondant dans la vallée d'Aspe aux environs du pont
de Lescun et dans la carrière de la Taule en Cau-
serans.

Mais, après être parvenu jusqu'à l'extrémité méridionale de la vallée de Campan, revenons sur nos
pas pour voir des objets non moins intéressans : cette
vallée ne s'étend que depuis le bourg de ce nom
jusqu'au pic d'Espade, situé dans la région moyenne
des Pyrénées; elle est par conséquent moins longue
que les vallées voisines d'Aure et de Lavedan, qui

ne se terminent qu'aux limites des deux royaumes;
sa plus grande largeur n'est pas d'un demi quart de
lieue, mais l'industrie des habitans a suppléé au défaut d'un terrain si resserré; ils ont étendu leurs
propriétés sur les flancs des montagnes qu'ils ont
mis en valeur et couvert d'une infinité d'habitations.

On voit les forêts reculées presque sur la cime,
céder les lieux inférieurs au travail des cultivateurs :
on admire surtout la rive gauche de l'Adour; elle
présente une continuité de prairies, dont la verdure
n'est pas moins agréablement diversifiée par l'éclat
des fleurs, que par un grand nombre de bergeries
éparses et de bouquets de bois. Ce délicieux paysage
que surmonte une magnifique futaie de sapins, s'offre
aux yeux du voyageur, depuis le bourg de Campan
jusqu'au village de Sainte-Marie.

Le côté de la rive droite est remarquable par son
aridité : on n'y voit que des roches nues, qui font
un contraste frappant avec l'étonnante variété que
présente le penchant de la montagne opposée.

A mesure que l'on remonte le cours de l'Adour, les
montagnes deviennent plus escarpées, mais la vallée
conserve jusqu'à *Grip*, presque toute sa fertilité ; vous
continuez à découvrir des habitations entourées de
riches prairies, d'un vert qui pourrait le disputer au
gazon si vanté d'Angleterre. L'Adour, divisée en plusieurs rameaux, va par des routes souvent secrètes,
abreuver des plantes que l'abondance des eaux ne ras-
sasie jamais; cette rivière seconde admirablement les
soins continuels d'un peuple berger, qui ne paraît oc-

cupé que des moyens de nourrir et de multiplier les troupeaux.

Il faut renoncer, après *Grip*, aux objets ravissans par leur variété; l'œil ne promène plus ses regards que sur d'épaisses forêts, et sur des montagnes qui présentent l'image d'une affreuse destruction : on est sur-tout frappé des débris que l'on remarque du côté du pic d'Espade; ce sont des entassemens prodigieux de granit, roche que les siècles et les saisons ont détachée des cimes, qui la dominent au sud.

Au pied de toutes ces ruines, dans des pâturages qui soulagent faiblement la vue de cette hideuse confusion, est une des sources principales de l'Adour, dont le volume d'eau se trouve bientôt considérablement augmenté : cette rivière reçoit plusieurs ruisseaux, à mesure qu'elle se précipite de rocher en rocher. A juger par la rapidité de son cours, il semble qu'elle ne soit pas moins empressée de quitter ces horribles lieux, que d'aller arroser des contrées délicieuses dans la province de Bigorre.

De retour à Bagnères, S. A. R. s'est reposée un instant dans ses appartemens et est repartie à trois heures et demie pour Saint-Sauveur.

Bagnères avec ses alentours, réunissant de rares avantages, devait nécessairement être fréquentée par des malades de tous les pays du monde et de tous les rangs.

Les historiens et nos chroniques rapportent que Jeanne d'Albret fut long-temps *Breheigne*, et vint chercher la fécondité aux eaux de Bagnères; la source

la plus chaude et la plus abondante fit cesser sa stérilité, et conserva le nom de *Source de la Reine
Jeanne*. Cette princesse mit successivement au jour
quatre princes.

Voici des effets miraculeux produits par les eaux
de Bagnères; M. le duc de Chartres ne pouvait marcher en y arrivant qu'à l'aide de ses échasses; et
comme il dût sa prompte guérison aux eaux salutaires du Bassin du Pré, il lui fit ses adieux en par-
tant par les vers suivans, gravés en lettres d'or sur
une épaisse ardoise placée à la muraille à côté de la
porte du bain:

« Adieu, cher bain du Pré, adieu, je me retire,
» Charmé par tes bienfaits je vais prendre ma lire,
» Pour chanter tes vertus propres à tant de maux,
» Pour te donner le nom de la reine des eaux.
» Oui : mon aimable Pré tu prolonges la vie;
» Oui, je dois aujourd'hui, sans nulle flatterie,
» Publier tes bontés, dire à tout l'univers,
» Que ton eau peut guérir de mille maux divers.
» Il est donc très-certain que du Pô jusqu'au Tage,
» Toute eau, même le vin devrait te rendre hommage. »

Gravé d'après l'original. 1774.

De Saint-Sauveur à Gavarnie.

Quand on va de Saint-Sauveur à ce lieu si remarquable, autour duquel la sublime nature déploie toute sa magnificence, on trouve d'abord le passage effrayant de l'Echelle : on suit un chemin étroit, creusé dans le penchant d'un profond précipice, au pied duquel on entend le bruit continu du Gave Béarnais; son lit est resserré entre des hautes montagnes, dont les fondemens semblent minés par les goufres épouvantables que forment les eaux. On voit dans ce passage, les restes d'une tour qu'on avait construite, dans l'endroit le plus resserré de la gorge, contre les incursions des Miquelets. Quelques montagnards y arrêtèrent au mois de septembre 1708, sept cents de ces brigands et les précipitèrent dans le Gave.

On s'empresse d'arriver à *Gèdre* pour y admirer la belle cascade située derrière la maison *Palasset*, et dont M. Duperreux a donné un superbe tableau. Après cette commune on trouve des blocs prodigieux de granit, entassés sans ordre, qu'on nomme le *Chaos* ou *la Peyrade;* ils faisaient partie d'une haute montagne, et en ont été détachés par des causes dont la tradition n'a pas conservé le souvenir.

L'étonnement redouble lorsqu'on arrive au village de *Gavarnie;* les tours de *Marboré*, qui paraissent moins l'ouvrage de la nature que celui de l'art, composées de bancs calcaires, se perdent dans la région des nues, et ne sont accessibles qu'aux frimats. Des neiges éternelles couvrent une partie de ces montagnes, que la nature condamne à la plus affreuse stérilité; l'œil y cherche envain de verts gazons; le sapin qui se plait au milieu des plus arides rochers, refuse même d'ombrager des lieux aussi sauvages.

Plusieurs torrens qui, du sein de ces montagnes glacées, tombent en cascades, d'environ trois cents pieds, et dont les eaux passent, après leur chute, sous des voutes de neige, sont leur unique ornement. On ne peut enfin considérer sans effroi, l'horrible et imposant spectacle des tours chenues de Marboré; situées à la source du gave Béarnais, elles semblent présenter à l'imagination, même la plus froide, la demeure sacrée du Dieu qui verse les eaux salubres de cette rivière, dont la principale source se nomme la Cascade de Marboré, que le célèbre Tournefort dit être la plus belle qu'il eût vu de sa vie et près de laquelle il observa *le reseda glanca*, c'est-à-dire, dans la houle de Marboré qu'il envisage comme un cirque bien extraordinaire.

Madame n'est rentrée en chaise que de l'auberge à la cascade, et de retour à cette auberge. Elle a bien voulu ordonner à M. Charlet, secrétaire de ses commandemens, de graver sur un rocher ces caractères sous sa dictée : *M.-T.*, *duchesse d'Angouléme*, 10 *juillet* 1823. Avec quels transports ces lettres seront lues par nos contemporains et nos neveux! Le temps a été superbe pendant cette promenade,

dont S. A. R. a paru ravie, et Elle a remarqué avec
bonté les drapeaux blancs, arcs de triomphe et inscriptions dont les montagnards avaient décoré leurs
humbles habitations dans ces lieux sauvages, éloignés
de Saint-Sauveur de 9,000 toises, et qui présentent
le plus magnifique spectacle qu'on puisse imaginer.
L'estimable auteur de l'itinéraire des Hautes-Pyrénées
rapporte que lorsque milord Butte entra pour la première fois dans le cirque de Gavarnie, frappé d'étonnement et plein d'admiration, il s'écria : « la grande,
la belle chose !... Si j'étais encore au fonds de l'Inde,
et que je soupçonnasse l'existence de ce que je vois
en ce moment, je partirais sur le champ pour en
jouir et l'admirer.

De Saint-Sauveur à Bagnères de Luchon.

MADAME, duchesse d'Angoulême, partit le 17 juillet, de Saint-Sauveur, et passa par Argelés, Lourde, Bagnères de Bigorre et l'Escaladieu, lieu autre fois remarquable par une belle et riche abbaye de l'ordre de Citaux et par le grand nombre de pieux Personnages qui la choisirent pour retraite. On l'appelait l'Ecole de la Vertu. Elle fut la mère de plusieurs monastères du même ordre.

Petronille, comtesse de Bigorre, qui avait été cinq fois épouse, choisit l'abbaye d'Escaladieu pour sa retraite, à la fin de ses jours; elle y fut enterrée, après avoir fait donation au monastère, de biens considérables.

Tout près de là est *l'ancien château* de Mauvézin, qui appartint d'abord aux comtes de Bigorre. Il est situé sur un monticule très-élevé, d'où il domine les gorges voisines.

Il a tous les caractères d'une forteresse féodale. Il est totalement abandonné, et bientôt il n'offrira plus que des ruines. Ce château était regardé comme imprenable, et en effet, sa situation est telle, qu'on le croyait à l'abri de toute surprise de la part des assiégeans.

On trouve au-delà de ce lieu, les bains de Capbert. On descend ensuite dans la vallée d'Aure près la ville de Labarthe, ancienne résidence des barons de ce nom. Les montagnes calcaires qui sont au-delà, renferment un si grand nombre de profondes cavernes, qu'on s'étonne que cette longue suite de roches ne s'écroule pas sur ses propres fondemens. Elles sont situées dans les lieux qui environnent les marbrières de Sarancolin, d'où l'on a tiré des blocs considérables pour servir à l'ornement des plus superbes palais et surtout du château de Trianon. La variété des couleurs qu'on remarque dans ces carrières, soulage ici la vue, de la couleur grise que présentent ordinairement les roches calcaires des Pyrénées. Le marbre de Sarancolin est d'un rouge de sang, presque toujours mêlé de gris et de jaune.

M. de Laboulinière a donné la description de plusieurs grottes de la vallée d'Aure, dans un ouvrage très-intéressant; mais il serait trop long de rapporter ici tout ce qu'il dit à ce sujet.

Au sortir de Sarancolin, la gorge se retrécit considérablement, et l'on parcourt un espèce de défilé où la vue est bornée de tous côtés, mais qui conduit au site le plus étendu, le plus varié et le plus beau que l'on rencontre dans les Pyrénées à pareille hauteur. M. Laboulinière est persuadé que le bassin d'Arreau, Cadéac, Ancizan, Guchen, Vielle et Saint-Lary, rivalise avec celui d'Argelés, auquel on peut le comparer pour la culture et pour la beauté des points de vue; mais plus enfoncé dans la chaîne des monts, les pentes y sont moins douces et le climat plus froid; les montagnes y ont un aspect plus sévère et un caractère plus imposant, sans rien faire perdre, néanmoins, à la beauté du paysage et à la fraîcheur des sites.

Si l'on suit cette vallée jusqu'au port de Bielse, on trouve à cette extrémité la maison de Chaubère, qui sert d'hospice aux voyageurs : cette maison et une vaste prairie qui en était une dépendance, appartenait jadis aux Templiers : on voit encore leur monogramme sur les ruines d'une chapelle bâtie à l'extrémité de la prairie. Ces chevaliers, par leurs institutions, devaient protéger les voyageurs contre les attaques des infidèles.

« Enfin, S. A. R. arriva le même jour à *Arreau* et coucha chez M. Coma, maire de cette petite ville, éloignée d'environ 24 lieues de Saint-Sauveur.

» Le 18, de grand matin, la Royale Voyageuse est montée à cheval, accompagnée de son gentilhomme d'honneur et de son capitaine des gardes. Elle a parcouru la belle vallée de Louron et franchi le port de Peyre-Sourde, recueillant partout les témoignages les plus expressifs du respect et de l'amour des habitans.

» C'est par la belle avenue des sycomores que l'Auguste Princesse a fait son entrée à Bagnères, ville distante d'Arreau de 14,000 toises. Elle était à cheval, escortée de jeunes gens de la ville, qui avaient formé une garde d'honneur. S. A. R. est allée descendre dans la belle maison de M. Cazat, qui avait été préparée pour la recevoir.

» Après quelques présentations, MADAME a déjeûné et a fait l'honneur à plusieurs personnes de les ad-

mettre à sa table; Elle est allée ensuite visiter
l'église et le magnifique établissement thermal. La
Princesse a paru frappée de la beauté de ce dernier
édifice.

» On assure que la ville de Bagnères de Luchon
se propose de consacrer, par un monument, le court
séjour que Madame a fait dans ses murs. Ce monument embellirait cette ville, déjà si recherchée des
étrangers par l'excellence de ses eaux et les délicieux
paysages qui l'environnent. » *Echo du Midi.*

La vallée de Luchon commence à s'ouvrir à la
distance d'une demie lieue au nord de Bagnères;
vous la voyez dans sa plus grande largeur près de
cette ville, où se fait la jonction de deux rivières :
les yeux y rencontrent un grand nombre de villages
épars, des champs hérissés d'épis, et des prairies
abreuvées d'une infinité de ruisseaux. L'aspect des
montagnes n'est pas moins varié que celui de la
plaine; elles offrent des habitations et des terres cul-
tivées, dans des endroits qu'on aura jugés inacces-
sibles; d'autres sont couronnées de sombres forêts;
au sud vers le port de Venasque, des monts sourcilleux, éternellement couverts de glaces et de neiges, représentent l'hiver au milieu de l'été.

On ne trouve dans aucune partie des Pyrénées,
d'eaux minérales dont la situation soit plus agréable
que celle de Bagnères de Luchon; motif qui, sans
doute, avait déterminé les romains, indépendamment
des propriétés de ces sources, à former des établissemens dans cette contrée, et à négliger plusieurs
autres endroits abondans en eaux minérales.

L'agréable et fertile plaine de Bagnères de Luchon est dominée du côté du midi, par les montagnes maudites qui forment la partie la plus haute des Pyrénées et au milieu de laquelle s'élève la Maladetta, hérissée de rochers, couverte de débris, environnée de neiges et de glaces, et sillonnée de profonds ravins. Plusieurs observateurs ont entrepris de monter jusqu'à la cime de cette haute montagne; on compte dans ce nombre, M. Ramond, membre distingué de l'académie des sciences; M. Ferrière, botaniste de Toulouse; M. Léon Dufour, correspondant de la société philomatique de Paris; M. Cordier, inspecteur des mines; M. Marsac de Toulouse; M. Perrot voyageur Russe.

Deux ingénieurs des mines essayèrent pareillement de gravir la Maladetta en 1824; mais leur tentative fut suivie d'un événement déplorable, dont on trouve le récit dans l'intéressant *itinéraire descriptif et pittoresque des Hautes-Pyrénées* que M. Laboulinière vient de publier et qui s'exprime de la manière suivante :

« Le glacier de la Maladetta recouvre de l'est à
» l'ouest, la pente septentrionale de cette montagne,
» dans une longueur d'environ 6000 toises; c'est le
» plus vaste glacier des Pyrénées. On peut l'éviter,
» pour atteindre le sommet de la crête, en continuant
» à suivre les Morenes; et mieux vaut sans doute
» s'exposer à la chute inopinée de ces débris de ro-
» ches, que de se hazarder sur des glaces, dont les
» crevasses par fois recouvertes de neige, sont des

4

» gouffres sans fond, d'où l'on ne pourrait se retirer.
» On a vu un exemple fatal tout récent : l'infortuné
» Barrot père, guide expérimenté de Bagnères de
» Luchon, y perdit la vie le 10 août 1824, à dix
» heures du matin, ayant accompagné dans leur
» course MM. Ed. de Billy et Ed. Blavier, élèves in-
» génieurs des mines. Voici un extrait de la touchante
» relation que ce dernier a bien voulu m'adresser,
» de la plus affreuse catastrophe :

» Nous chaussâmes nos crampons et avançâmes tout
» doucement le bâton ferré en avant, jusqu'à ce que,
» à une quarantaine de toises du sommet, nous fus-
» sions arrêtés par une crevasse transversale qui nous
» barra le passage. Je veux alors mesurer la profon-
» deur de cette crevasse ; je me fais tenir par mon
» camarade et le guide, mais le fond échappe à ma
» vue, tant cette profondeur est immense. Le guide
» nous dit d'appuyer vers la gauche pour chercher
» le point où la crevasse se termine : nous suivons
» ce conseil, et arrivons en quelques minutes au
» point où la fente disparaît.

» Nous pouvons passer ici, me dit le guide, je
» me dispose à franchir ; j'appuie mon bâton sur la
» neige ; il s'enfonce, et je fais rapidement un pas
» en arrière ; Barrot passe alors devant, sonde avec
» son bâton, et s'aperçoit qu'effectivement la crevasse
» était seulement masquée par une légère couche de
» neige, qui avait formé dessus un petit pont ; il
» avança d'une quarantaine de pas, et sonda de
» nouveau. Il éprouva de la résistance, et en conclut
» que la crevasse se termine là.

» Le malheureux avait sondé sur le bord ; il fait
» un seul pas et disparaît à nos yeux.... Moment
» horrible! Non, jamais, votre souvenir ne s'effacera
» de ma mémoire! Les cris de cet infortuné guide
» ont retenti long-temps à mon oreille : quand je
» parle de ce fatal événement, oui, dans cet instant
» même, je les entends. Grand Dieu, je suis perdu!
» et un moment après : je m'enfonce, je m'enfonce!
» A ces horribles cris succède un silence mille fois
» plus horrible, le silence de la mort.

» Aucun effort ni de nos jeunes voyageurs au dé-
» sespoir, qui vont chercher en toute hâte le jeune
» fils Barrot resté à la cabane, avec des cordages,
» ni des enfans éplorés de la victime, accourus dans
» la nuit avec d'autres hommes envoyés par l'auto-
» rité, ne purent donner le moindre espoir de des-
» cendre sans étouffement dans le tombeau de glace
» de Barrot. » *Itinéraire descriptif et pittoresque des
Hautes-Pyrénées Françaises*, p. 235.

L'intrépide M. Léon Dufour, qui avait eu pour
guide le malheureux Barrot, rapporte dans les lettres
qu'il m'a fait l'honneur de me dédier, que toute la
crête de cette superbe Maladetta est revêtue d'un
immense glacier, le plus grand des Pyrénées; ce savant naturaliste pense que de l'Est à l'Ouest, il a
une étendue non interrompue de près de deux lieues.
On aperçoit, sans le secours de la lunette, les nombreuses crevasses qui le sillonnent : elles sont, en général, dirigées suivant la hauteur de la montagne;
mais près la cime on en distingue de transversales,
qui paraissent beaucoup plus considérables....

A l'extrémité orientale du glacier on découvre la tête chauve, encore vierge, du pic de Nethou; c'est la cîme la plus élevée de toute la chaîne des Pyrénées, d'après les mesures de M. Reboul; sa hauteur de 1787 toises au-dessus du niveau de la mer, excède par conséquent de 40 toises celle du Mont Perdu..... Du côté de l'Est il n'y a de montagne bien remarquable que la Pique Fourcanade, ainsi nommée à cause de ces deux sommets rapprochés vers l'ouest. Posets et Perdiguero domine tous les autres pics de ce côté; ils ont encore l'un et l'autre une élévation supérieure à celle du Mont Perdu.

Au reste, M. Léon Dufour a dit plus haut, que la cîme du pic de Nethou était vierge, personne effectivement n'a pu jusqu'ici l'atteindre. Pierrine Barreau, l'un de nos guides de Bagnères, a accompagné, à diverses époques M. de Marsac, de Toulouse, et M. Perrot, voyageur russe, qui ont fait des tentatives infructueuses pour y parvenir. C'est toujours en se dirigeant de l'Ouest à l'Est sur la pente septentrionale de la Maladetta, par conséquent en traversant presque tout le glacier qu'ils ont tenté l'escalade de ce pic; mais les vastes et profondes crevasses transversales qui avoisinent la crête adjacente, leur ont toujours opposé une barrière insurmontable.

Il est vraisemblable qu'après l'affreux accident, dont nous avons donné ci-dessus le récit, les curieux de la nature n'entreprendront point de monter, qu'avec une extrême prudence jusqu'à la partie la plus élevée de la Maladetta dont la situation est à une égale distance de l'océan atlantique et de la mer Méditerranée.

La ville de Bagnères tire son nom de ses eaux chaudes, qui jouissaient de quelque célébrité du temps des Romains, ainsi qu'il paraît par un assez grand nombre de monumens, sur lesquels on lit des inscriptions latines. Ces conquérans de l'univers étaient trop amateurs des bains chauds, pour croire qu'ils aient pu négliger ceux-ci, dans le temps qu'ils étaient les maîtres des Gaules et des Espagnes; ils étaient trop grands pour ne pas les avoir embellis. Tous les pays qu'ils ont conquis ou habités, portent l'empreinte de leur génie, de leur magnificence, et de leur bon goût.

Les destructeurs de l'empire romain, et après eux les Sarrazins, peut-être le temps seul, ont tout détruit, et les éboulemens de pierre et de terre ont tout englouti. Les sources cependant se faisaient passage à travers les décombres, et l'on peut conjecturer qu'on n'a jamais cessé d'en faire usage, non plus que de beaucoup d'autres fontaines thermales, fréquentées par les Romains, dont peu de personnes avaient parlé depuis la chute de leur empire.

Les eaux de Luchon parurent alors abandonnées à la nature, et on ne fit rien pour en réparer les réservoirs.

Sous le règne de François I.er, les eaux chaudes de Cauterets en Bigorre, attiraient dans les Monts-Pyrénées, une grande foule d'étrangers de distinction ; du moins, c'est l'idée que nous en donne la princesse sa sœur, l'illustre reine Marguerite, auteur de l'Heptameron.

La mère du Grand Henri fit usage des eaux chaudes, dont les sources sont dans une vallée Béarnaise; les rochers que cette princesse franchit, les précipices à travers lesquels elle passa, existent presque dans leur entier.

Mais, tandis que les eaux de Bigorre et de Béarn étaient fréquentées par les personnes du premier rang, de toutes les parties de la France, tandis qu'une foule de peuples des environs, et beaucoup d'étrangers s'y rassemblaient, celles de Luchon étaient à peine connues. Elles semblaient réservées aux seuls habitans des vallées voisines, qui souvent les abandonnaient pour celles de Bigorre ; ainsi la mode et la célébrité exercent leur empire sur tous les hommes ; elles n'épargnèrent pas même les habitans des montagnes des Pyrénées.

Les eaux de Luchon opéraient des guérisons, ce qui augmenta insensiblement le nombre des malades qui les fréquentèrent ; et ce furent ceux-là qui n'allaient aux eaux que pour chercher du soulagement à leurs maux, qui concoururent à tirer ces eaux de l'oubli où elles paraissaient condamnées ; alors on se les conseilla, les uns aux autres, on les vanta beaucoup; et les médecins de la France les entendirent nommer peut être pour la première fois.

Les habitans de Bagnères de Luchon, que le voisinage de l'Espagne exposait aux malheurs de la

guerre, avant qu'un Prince du sang de nos Rois
régnât sur cette vaste monarchie, ont été plusieurs
fois réduits à la dernière misère. Leur patrie a été
souvent la proie des flammes; alors le mauvais état
de cette ville, la pauvreté de ses habitans ne sup-
posaient pas des logemens commodes, ni des res-
sources bien grandes; ce qui, joint au délabrement
des bains, concourait à éloigner les malades; mais
insensiblement cette ville a été rebâtie et on y a
élevé des maisons propres à recevoir des personnes
de tout état; les bains ont été aussi réparés, et il
est aisé d'y aborder par le beau chemin que le célèbre M. d'Etigni fit pratiquer.

On n'apprendra point sans intérêt que plusieurs
inscriptions ont été trouvées à différentes époques
à Bagnères de Luchon. Voici celles que j'ai rappor-
tées dans mon Essai sur la Minéralogie des Monts
Pyrénées :

NYMPHIS
   AUG
SACRUM.

NYMPHIS
Tc. LAUDIUS
RUFUS.
V. S. L. M.

IXONI
DEO
FABESTA.
V. S. L. M.

NYMPHIS
CRUFONI...
DEXIEU...
V. S. L. M.

NYMPHIS   NYMPHIS
  AUG   CASSIA
VALERIA   TOUTA
HELLAS.   SECUSIAU.
                  V. S. L. M.

NUMIN..   MONTI   NYMPHIS
MANU   BUSQG   LUCANUS
SACRA   AMORIS   ETEROTIS
RUTA..   US.....   V. S. L. M.
V. S. L....

Quoique MADAME, duchesse d'Angoulême, eût demeuré le matin 6 heures à cheval, Elle repartit à 3 heures du soir pour Arreau, et revint par la même route qu'Elle avait suivie en allant de cette commune à Bagnères de Luchon, emportant les bénédictions des habitans de ces montagnes, étonnés de tant de bonté et d'affabilité dans une aussi grande Princesse.

On pénètre dans la vallée de Larboust par une gorge qui se prolonge jusqu'aux environs de Saint-Aventin : ici, les montagnes se rapprochent beaucoup moins et présentent, dans le penchant qui regarde le sud, plusieurs villages, dont quelques-uns sont traversés par le chemin qui mène à la vallée de Louron.

Cette communication est une des principales issues par lesquelles le voyageur puisse sortir de la vallée de Larboust. Le sentier qui mène en Espagne n'est praticable que pour les gens de pied : on est forcé de s'arrêter au lac de *Culego*, qui reçoit les eaux d'une cascade tombant, d'environ deux cents pieds, du haut des rochers dont les cimes sont éternellement couvertes de neige et sur lesquelles les montures ne peuvent gravir.

Entre le village de Saint-Paul et celui d'Oo, on trouve des blocs énormes de granit; ce sont vraisemblablement les débris de quelques montagnes formées par le prolongement des masses granitiques qu'on trouve vers l'entrée de la vallée de Louron.

Au-delà de ces blocs de granit, roche que le temps semble principalement avoir pris à tâche de détruire, on atteint le col de Peyresourde, où M. le Sous-préfet de Saint-Gaudens quitta la Princesse, après avoir reçu de sa bienfaisance 300 fr., pour être distribués aux pauvres de Bagnères; S. A. R. a également répandu des bienfaits sur toute sa route, accueillant avec bonté les pétitions qui lui ont été présentées.

Aucune partie des Pyrénées n'est plus digne des bienfaits des ames sensibles et généreuses, que la vallée de Luchon; car parmi les infirmités dont l'humanité y est affligée, il faut comprendre le goître, sorte de mal dont les habitans de quelques villages des environs de Bagnères sont affectés.

Il est vrai qu'il n'expose point à perdre ordinairement la vie, mais on jette les regards avec d'autant plus de peine sur ces êtres malheureux, que cette excroissance dégrade une partie du corps, dans sa structure physique : elle est, en outre, réunie chez un grand nombre d'individus, à d'autres infirmités qui, malheureusement, influent sur les qualités morales, font perdre à l'homme avec la régularité de ses formes, l'intelligence et la dignité qu'il plut à la divine Providence de lui donner.

En effet, tout le monde connaît la difformité de cette tumeur, dont quelques-unes sont d'un volume considérable; mais il n'est pas un état plus déplorable, j'ose même dire plus humiliant que celui d'un grand nombre de goîtreux, qui habitent au sein des montagnes, et dont les facultés intellectuelles sont tellement bornées que ces êtres dégradés, inférieurs aux animaux les plus stupides, sont incapables de se procurer même leur subsistance; ils mourraient de faim si des personnes charitables n'avaient soin de les nourrir; on les connaît dans les Alpes sous le nom de *Crétins*, qui diffèrent principalement des goîtreux ordinaires, dont l'esprit ne se ressent point de l'incommodité de la tumeur, qui prend naissance sur le devant de la gorge : on peut en être atteint sans être affligé de crétinisme; mais on n'est point crétin sans être goîtreux.

Que l'homme fier de sa dignité, jette un regard sur ces malheureux individus qui, hébétés, muets et sourds, n'ont ni la faculté de penser, ni de s'exprimer, ni d'entendre : combien son orgueil ne souffrira-t-il pas de voir ses semblables réduits au-dessous de la condition des êtres dont l'instinct est le plus borné; de les voir, en outre, horriblement défigurés par leurs imperfections corporelles? On dirait que la nature elle-même a honte de produire ces êtres difformes, puisqu'elle les place de préférence au sein des hautes montagnes, qui semblent devoir les dé-rober à tous les regards.

En parcourant les Pyrénées j'avais remarqué ce triste spectacle : il avait désagréablement frappé ma vue et de plus affligé mon cœur; principalement aux environs de Bagnères de Luchon, où certains vil-lages, comme je l'ai déjà dit, comptent parmi leurs habitans des crétins dont le dégoûtant aspect fait, en même temps, horreur et pitié. L'on est d'autant plus étonné de trouver, dans cette contrée, ces êtres disgraciés et malheureux, qu'elle semble partout an-noncer le bonheur.

Elle présente des campagnes dont la culture la plus variée prouve la richesse; des prés fleuris où l'œil curieux et charmé suit l'onde claire et l'impide, dans les nombreux canaux que des mains industrieu-ses ont creusé. Enfin, des hautes montagnes peuplées de majestueuses forêts; ici, la terre féconde offre en-vain à l'insensible et pâle crétin, des biens précieux; il est incapable de jouir de ses dons et d'en connaître le prix; on pourrait dire, comme M. Fonderé, en parlant de ces êtres dégradés; on ne connaît plus l'homme frappé dans ses caractères distinctifs, la pen-sée et la parole; ce n'est plus ce maître de la terre qui calcule l'immensité des cieux, et qui sait en dé-crire les mouvemens; c'est le plus faible de tous les êtres vivans, puisqu'il est même incapable de pour-

voir de lui-même à sa subsistance. Heureusement l'ex-
périence a fait connaître les moyens de prévenir cette
infirmité.

M. Durand de Saint-Girons, médecin, a remarqué
que les goîtres sont communs parmi les habitans du
Couserans, mais que les goîtreux se montrent en
plus grand nombre aux villages de *Vic* et d'*Oust* :
le premier est situé sur la rive droite du Salat ; et
le second sur la rive gauche d'une branche de cette
rivière ; ces lieux se trouvent avant qu'on ne péné-
tre dans la partie la plus élevée de ce canton. M.
Durand m'a dit en outre, que les habitans de Con-
flans et de la commune de *Salau*, dont le territoire
s'étend jusqu'à la crête des Pyrénées, ne comptaient
pas un seul goître dans leurs villages, et qu'ils étaient
persuadés que le séjour de leur hameau, devenait
même un spécifique presqu'assuré contre ces tumeurs
rebelles ; cette particularité a de même été remarquée
dans les Alpes.

M. de Saussure observe qu'à Sion, capitale du
Valais, comme à la cité d'Aoste, les gens aisés de
ces deux villes font, autant qu'ils le peuvent, élever
leurs enfans à la montagne, jusqu'à l'âge de dix ou
douze ans : quelques personnes ont même la prudence d'y faire accoucher leurs femmes ; d'autres
poussent la précaution jusqu'au point de les y faire
vivre, pendant les derniers temps de leur grossesse.
il n'est aucun exemple que ce préservatif n'ait été
couronné d'un heureux succès. (*Voyages dans les
Alpes. T.* 2, *p.* 486.

Quant à la cure du goître, personne ne peut mieux connaître les remèdes qu'il faut employer, que l'habile observateur qui paraît en avoir découvert les véritables causes. M. Foderé indique dans son traité plusieurs moyens propres à le guérir : comme il entre dans un long détail, non-seulement sur le traitement des goîtres, mais encore sur celui des crétins, dont il pense qu'on peut améliorer le déplorable sort, on pourra consulter cet ouvrage intéressant. Je me contenterai de dire que l'éponge demi calcinée, mêlée de miel, dont on fait un opiat pour en prendre, trois fois par jour, la grosseur d'une noisette, est le remède le plus efficace pour les goîtres qui commencent à se manifester. On voit que ces observations ne sont pas moins utiles que curieuses : mais insensiblement, je passe les bornes de mon dessein : c'est à la médecine qu'il convient d'ajouter ce qui manque ici, par rapport aux moyens de soulager les goîtreux et les crétins.

Nous avons vu l'arrivée de MADAME au Col de Peyresourde, avant que je n'ai fait mention des goîtreux crétins de la vallée de Luchon. Nous allons à présent descendre, avec cette Pincesse, dans celle de Louron, par la même côte où Elle avait passé le matin pour se rendre à Bagnères de Luchon. Cette communication est formée par une chaussée comparable en ce que la France a de plus beau en ce genre.

MADAME arriva à huit heures du soir chez M. Coma à *Arreau*, sans être fatiguée d'un aussi long trajet.

La petite vallée de Louron se trouve à l'Est de la vallée d'Aure ; Elle commence à la ville d'Arreau, et s'étend jusqu'au port de la Pés : elle est très-peuplée, vous y remarquez plusieurs villages, et il est vraisemblable que les habitations auraient été portées plus loin, si la communication avec l'Espagne eût été ouverte, comme dans la vallée d'Aure.

Les peuplades se multiplient vers les frontières des deux royaumes, à proportion des rapports que les pays limitrophes ont entr'eux ; vérité que prouvent les ports de la Pés et d'Oo, qui, comparés avec ceux de Bielsa, de Gavarnie, etc., etc., sont moins praticables que ces derniers, et ne paraissent accessibles qu'aux gens de pied.

Il serait peut-être aisé d'ouvrir une communication, de la vallée de Louron à celle de Gistau, s'il était possible de finir de percer, vers le milieu de sa pente, la montagne du port de la Pés, qui sépare les deux vallées : cet ouvrage a été commencé, il y a plusieurs années, pour faire passer en France des mâts, qu'on devait tirer d'une forêt, située sur le penchant des Pyrénées, du côté d'Espagne. J'ignore le motif qui empêche l'exécution d'un si beau projet ; si elle eût eu lieu, le port de la Pés serait aujourd'hui un des passages les plus courts et les plus fréquentés des Pyrénées.

On n'aurait point à redouter ces tourbillons de vents et de neiges, qui, offusquant la vue du voyageur, l'arrêtent au sommet des montagnes, où il est exposé à la cruelle alternative de périr par la rigueur du froid, ou de tomber dans des abymes effroyables; ce passage souterrain mettrait à l'abri de pareils dangers, et l'on y parviendrait sans être exposé à franchir des obstacles aussi grands que ceux qui se rencontrent dans d'autres vallées.

On ne serait étonné que de la hauteur prodigieuse des montagnes, qui dominent le port de la Pès et ses environs; jusqu'ici la chaîne des Pyrénées ne présente, depuis Fontarabie, rien de plus majestueux. A l'aspect de ces masses énormes, qui s'élèvent brusquement jusqu'au-delà des nues, et dont les cimes couvertes de neige, n'offrent à l'œil que le spectacle d'un hiver éternel, on perd non-seulement le courage de gravir sur des endroits aussi escarpés, mais encore celui de les décrire : la plume tombe de la main lorsque l'on n'a que des sujets d'étonnement et d'horreur à dépeindre.

On trouve non loin de la ville d'Arreau les sources sulfureuses et froides de *Cadéac*, situées de l'un et de l'autre côté de la Neste, vallée d'Aure. Elles eurent autrefois de la célébrité. On lit dans l'itinéraire des Hautes-Pyrénées qu'une reine de Navarre, attaquée de la lèpre, y trouva, en 1350, sa guérison, qu'elle avait envain cherchée à Bagnères et Cauterets. Malgré cet exemple, elles sont peu fréquentées.

MADAME repartit le lendemain à six heures du matin, prenant la route de la *Hourquette*, qui est un passage étroit, pratiqué au haut de la montagne, entre des roches très-escarpées et passant au pied de la montagne d'Arbisson, dont la hauteur est de 1480 toises au-dessus du niveau de la mer; Elle descendit, dans la vallée de Campan, qu'Elle suivit en partie, et monta au Tourmalet, qui sépare cette belle vallée de celle de Barèges. Elle passa sous des arcs de triomphe dressés par les habitans de Campan dans ce passage, qui fut ouvert lorsque Madame de Maintenon mena M. le duc du Maine aux bains de Barèges.

Une voiture attendait dans ce dernier lieu MADAME, duchesse d'Angoulême, où Elle quitta le cheval qui l'avait portée depuis Luchon et Arreau; quoique des chaises à porteur fussent de son escorte, elle ne voulut pas en profiter. Aucun danger ne l'effrayait. Elle arriva à une heure après-midi à Saint-Sauveur, qu'une distance d'onze lieues sépare d'Arreau, en franchissant le Tourmalet, montagne élevée de 1126 toises au-dessus du niveau de la mer.

De Saint-Sauveur à Pau.

S. A. R. quitta la vallée de Barèges, le 26 juillet, arriva le même jour à Pau, à 4 heures et demie, en passant par *Lourde*, *Saint-Pé*, *Betharram* et *Coarraze*. Elle traversa la petite ville de Saint-Pé qui consiste principalement en une longue rue, peuplée de nombreux cloutiers, dont le er qu'ils employent provient de la minière de Louvie, appartenant à M. le marquis d'Angosse, pair de France, et Grand Officier de la Légion d'Honneur. L'industrie leur procure des moyens de subsistance que de hautes collines et des terres stériles leur ont refusés.

Cette ville s'était rendue remarquable par une abbaye de bénédictins, fondée par Sance Guillaume, duc de Gascogne (en 1032), en reconnaissance de ce qu'il avait recouvré la santé dans un voyage qu'il fit en ce lieu. Il accorda en outre de grands privilèges aux moines.

Les habitans de Saint-Pé savent profiter, en automne, du passage des ramiers et des bizets; ils établissent, chaque année, sur les mêmes collines de cette commune, des pantières où la chasse se fait à-peu-près de la manière suivante.

Lorsqu'une bande de ces timides oiseaux paraît dans l'air, des chasseurs, cachés sous le feuillage des petites cabannes, qu'on a construites sur de hauts trepieds, placés à certaines distances les uns des autres, lancent une espèce de raquette, instrument

5

qui leur présente l'image de l'épervier. Les oiseaux fondent jusqu'à terre et la rasent pendant quelque temps, pour se dérober à la poursuite de ce redoutable ennemi ; à peine faiblement rassurés, reprennent-ils leur vol vers la moyenne région de l'air, que le même artifice les en fait descendre et les précipite dans des filets qu'on oppose à leur passage. Sorte de triomphe qui, remporté dans la moyenne région de l'atmosphère, n'est peut-être pas moins étonnant (j'ai presque dit moins cruel), que de réduire à la surface de la terre de malheureuses bêtes fauves aux abois.

A la distance d'une lieue de Saint-Pé, on trouve sur la rive gauche du Gave la chapelle de Betharram, où Hubert Charpentier, après avoir établi des prêtres du Calvaire, sur le Mont Valerien, non loin de Paris, fit un pareil établissement ; de même qu'à *Notre Dame de Garaison*, dans le diocèse d'Auch. Celui de Betharram, situé près du pont qui porte ce nom, ayant été ruiné par les protestans, fut rétabli par la bienfaisance et la piété des peuples voisins, secondés principalement par le zèle du seigneur et de la dame de Miossens, qui faisaient leur résidence au château de Coarraze.

« La Princesse étant arrivée dans ce lieu saint, au milieu des acclamations, des chants de joie, des cris d'allégresse d'une immense population qui s'était portée à sa rencontre, fut reçue au vestibule de la chapelle par Mgr. l'Evêque de Bayonne, qui s'y était rendu à l'avance avec un nombreux clergé.

» Elle a été conduite ensuite sur une terrasse ombragée de platanes et de marronniers ; on y avait dressé une table pour y servir un déjeûner ; S. A. R., assise sur un siége qu'on lui avait préparé et d'où elle voyait d'un côté les cascades bruyantes que forme le Gave, en se précipitant à travers les rochers des Monts Pyrénées ; d'un autre côté, une immense plaine parsemée de villages, présentant l'aspect le plus varié de la richesse des moissons.

» Après le déjeuner, Elle est montée au calvaire, accompagnée de Mgr. l'Évêque et d'une nombreuse population ; ni la chaleur, ni la fatigue n'ayant été capables de l'arrêter. (*Mémorial Béarnais.*)

Les Basques, les Béarnais et les Bigourdans se rendent à Betharram en dévotion à certaines époques de l'année. C'est sur-tout le 15 et le 8 septembre qu'il y a grande affluence : ils arrivent en caravanes et s'annoncent de loin par un vieux cantique dont les hommes et les femmes, dans les transports d'une sainte joie, chantent alternativement les couplets. Le commerce y établit une infinité de boutiques, où l'on voit des objets dont le bas prix est proportionné aux facultés des acheteurs.

La Princesse, en traversant la commune de Coarraze, a visité le château où Henri IV passa les premières années de son enfance. Ce lieu que cette honorable circonstance a fait principalement renommer, donna son nom anciennement à une famille dans laquelle il y eut trois Evêques qui, selon M. Dave-

zac-Macaya, savant historien, occupèrent le siége
épiscopal de Tarbes ; savoir :

Arnaud-Raymond Ier, 1245.

Raymond-Arnaud II, 1268.

Guillaume , 1374.

M. Bouillac, aujourd'hui propriétaire de cette habitation , eut l'honneur d'offrir à S. A. R., des ra-
fraîchissemens et des fruits qu'Elle voulut bien accepter. Le château de Coarraze est dans une position
remarquable, située sur les bords du Gave Béarnais.
Les objets les plus pittoresques en font un séjour
enchanté. L'aspect des montagnes, celui des forêts
qui les couronnent, les rochers qui les terminent,
les flots argentés qui se précipitent de leurs cîmes
en hautes et nombreuses cascades, forment la plus
agréable perspective. A ces beaux aspects, se joint
celui d'un pont sur le Gave, qui semble avoir été
construit à dessein d'embellir encore cet heureux site.

Je suis redevable à M. Andayàa, curé de Coarraze,
de quelques détails relatifs à cette belle habitation
et qui m'ont paru trop intéressans pour ne pas les
rapporter.

» Henri IV, arrivé à Coarraze dans son bas âge,
» partageait avec les enfans du lieu leurs amusemens;
» il courait avec eux, pied déchaussé; et à peine
» pouvait-on le distinguer parmi les autres, parlant
» le même idiôme Béarnais, se querellant avec eux
» dans leurs jeux, leurs courses; sur-tout à faire cou-
» rir la boule, jeu si usité en Béarn , qu'on appelle
» ici la *Barincole*.

» Devenu plus grand, il eut le goût de la chasse,
» et probablement à son occasion fixa ses visites
» journalières, et ses goûts dans la maison de Gestas
» de Coarraze, située au haut du hameau de cette
» commune, à une lieue et demie du bourg. Il s'y
» rendait souvent de Pau, prenant le chemin au châ-
» teau de Bizanos, le long de la colline qui le me-
» nait au haut de la côte de Labatmale ; ce chemin a
» toujours conservé le nom de chemin d'Henri IV.

» L'ancien jardin du château était dans l'endroit
» où vous me l'avez indiqué, et vis-à-vis cette ha-
» bitation qui était sur le bas, et à l'endroit où est
» le puits aujourd'hui ; c'est en fouillant qu'on trouva
» des morceaux d'architecture en pierre et en bois
» de l'ancien château.

» On assure que la porte d'entrée est la même
» qui existait du temps d'Henri IV ; quant à l'ins-
» cription qu'on y voit, la voici : *lo que à de ser,*
» *no puede faltar ;* traduction : ce qui doit arriver
» ne peut manquer. »

Le seigneur de la baronnie de Coarraze était anciennement membre de la cour majour de Béarn,
dont on ne pouvait appeler de ses jugemens, et com-
posée de douze jurats qui exerçaient la juridiction
souveraine.

Bientôt après la commune de Coarraze, on traverse celle de Mirapeix, dont le seigneur faisait aussi
partie de la cour majour ; mais ayant choqué les
mœurs du temps, par un jugement sévère, il fut
déposé et remplacé. Cet événement a été consigné

dans une ancienne compilation des fors du Béarn,
et l'idiome Béarnais l'exprime, suivant M. Faget de
Baure, avec une naiveté qu'il est difficile d'imiter en
Français.

« *Item. Judia lo signor de Mirapeix què si augun*
» *diu dar diers et no los pot pagar, que posqué,*
» *et fa disposat de judia què era deüs doutze de*
» *Béarn.* (Item. A jugé le seigneur de Mirapeix que
» si quelqu'un doit des deniers, et qu'il soit dans
» l'impossibilité de les payer, il faut qu'il le puisse.
» Ce seigneur fut déposé de la place de juge; il était
» un des douze du Béarn). Le seigneur de Bidouze
» fut nommé à sa place. »

Cette particularité ne sera pas la seule que ce quartier présente à la curiosité du voyageur; il considère
sur la rive gauche du Gave la ville de Nay, où naquit, en 1654, Jacques Abbadie, célèbre ministre
calviniste. Il avait la mémoire la plus heureuse et
composait ses ouvrages dans sa tête et ne les écrivait
qu'à mesure qu'il les faisait imprimer.

Non loin de Nay, consumé, au milieu du 16.ᵉ
siècle, par trois météores ignées, nommés en Béarnais *rugles*, on voit encore sur la rive gauche du
Gave le château d'Arros, dont la famille se distingua
par son dévoûment et sa fidélité à la reine Jeanne.

Bientôt après, on trouve la commune et le château de Pardies, illustrés par un écrivain de ce nom,
qui se consacra à l'étude des mathématiques et de
la physique. Il fut appelé à Paris pour professer la
rhétorique au collége de Louis-le-Grand et recherché

de tous les savans. C'est aujourd'hui la résidence de M. le baron de Laussat, qui goûte dans cet agréable et paisible lieu le repos dont il avait besoin, après avoir consacré une grande partie de sa vie, à servir la chose publique.

En avançant ensuite vers le nord, on discerne la terre et le château de Rontignon, ancienne propriété de la maison de Gassion, qui rappèle le souvenir des exploits glorieux du maréchal de ce nom, qui fut regardé comme un grand capitaine : il se signala principalement à la bataille de Rocroi; le prince de Condé, qui l'avait consulté, se fit un devoir de partager avec lui l'honneur de la victoire; il reçut un coup de mousquet au siége de Lens en 1647 et mourut cinq jours après à Arras. Son corps fut porté à Charenton et enterré dans le temple de ceux de la R. P. R., dont Jean de Gassion faisait profession : il ne fut point marié. On veut qu'il ait dit qu'il ne faisait pas assez de cas de la vie pour en faire part à quelqu'un; c'est une réponse qu'on attribue à d'autres guerriers qui sont venus après lui.

Enfin, on trouve presqu'à l'extrémité de la plaine que l'on suit depuis Nay jusqu'aux environs de Pau, la commune de Mazères, dont la terre appartenait à une des maisons les plus anciennes du Béarn, qui portait le même nom et était des plus fidèles au parti de ceux de la religion. Leur doctrine y fut prêchée dans le château ainsi qu'à Navarrenx, par François le Guai, surnommé le Beau-Normand, que le sieur de Saint-Martin avait été chercher, en 1557, à Genève. Le seigneur de Mazères fut tué à Montauban, asiégés par Louis XIII.; il y commandait les gens de guerre.

Après avoir fait mention de ce que la rive gauche du Gave Béarnais offre de plus remarquable, depuis Nay jusqu'à Pau, nous allons remonter vers cette première ville, pour suivre ensuite, par la rive droite du Gave, une plaine aussi vaste que fertile, arrosée par les eaux limpides de cette rivière, qui coulent avec autant de rapidité que de bruit. Les bords sont peuplés de riches villages que les habitans semblent avoir pris d'autant plus de plaisir à fonder, qu'ils devenaient voisins de la Royale demeure qui s'honore d'avoir produit d'illustres souverains.

La même plaine est, en outre, remarquable du côté du nord, par une longue suite de villages, où la population n'est pas moins nombreuse; ils sont situés sur les bords d'une petite rivière qu'on nomme le *Lagoin*, qui fournit à leurs besoins. Enfin, S. A. R. arriva à Pau; Elle fut reçue à l'arc de triomphe, près du pont de Bizanos, par le Conseil municipal et la garde nationale. La Princesse descendit à l'hôtel de Gontaut-Biron, accompagnée d'une population immense et au milieu des cris de *vive le Roi! vive* Madame! *vivent les Bourbons!*

Cet hôtel est principalement remarquable par sa belle situation : on y jouit, comme au château Royal dont il est très-voisin, d'un point de vue superbe; il présente successivement, à l'œil étonné, une grande partie de la chaîne des Pyrénées, dont la crête est hérissée de plusieurs pics, parmi lesquels on contemple le Pic du Midi de Bigorre, celui de Montaigu, de Neouvielle, les Pics de Gavisos, la Montagne *d'eü Rey* (Montagne du Roi), celles des Eaux Bonnes; enfin, le Pic du Midi d'Ossau, qui se montre visible à tous les pays de la Gascogne, situés dans cette direction, et qu'on voit même distinctement des environs de Basas, ville qui en est éloignée de 40 lieues.

On concevra facilement, en outre, combien les eaux du Gave, dont on suit le cours ondoyant, depuis les coteaux de Coarraze jusqu'à Pau, ajoutent à la beauté de ce merveilleux tableau, embelli d'ailleurs par de nombreuses collines couvertes de riches vignobles, de belles habitations; et comme si tout devait concourir à la formation de cet admirable point de vue, l'onde paisible des petites rivières qui coulent dans les solitaires vallons du *Nés* et du *Soust*, vient se réunir au Gave, pour ainsi dire, sous les fenêtres de ces habitations.

Les murailles sont, en outre, baignées des eaux de l'Ousse qui, après avoir serpenté, depuis les environs de Pontacq, dans une vallée fertile, peuplée de beaux villages, en augmentent la grande affluence. La délicieuse fraîcheur qu'elle répand attire, au printemps, sur les arbres et les buissons qui ombragent les bords du Gave et des ruisseaux adjacents, un grand nombre de petits oiseaux dont on ne se lasse pas d'entendre le brillant ramage et les sons mélodieux.

L'Auguste Princesse a, pendant trois jours, honoré Pau de sa présence, qu'Elle a consacrés en grande partie à visiter les principaux établissemens de la ville et tout ce qu'elle offre de plus remarquable.

Après avoir traversé le quartier qu'occupaient anciennement les jardins du château, dont l'embellissement consistait, du temps d'HENRI IV, en divers carreaux présentant l'image de la Castramétation, dessins conformes aux inclinations militaires de ce Prince, qui s'est trouvé en trois batailles, en trente-cinq rencontres d'armes, en cent quarante combats et trois cents siéges de place. (*Mercure de France.*)

S. A. R. parcourut les agréables dehors, et surtout le Parc où HENRI IV goûtait le plaisir de la chasse : Elle a tellement été frappée de son heureuse position, qu'Elle prolongea sa promenade jusqu'à l'extrémité de cette enceinte, qui lui rappelait de touchans souvenirs : mais MADAME dût regretter de ne pas y trouver même les ruines du *Castet Besiat*, que la reine Jeanne avait fait bâtir pour la princesse Catherine sa fille, et qui était orné de plusieurs hémistiches. On n'ignore pas qu'il était placé dans la partie la plus basse et la plus silencieuse du parc.

Sa magnifique perspective ne pouvait manquer d'appeler, sur les coteaux de Jurançon, la curiosité d'une Princesse qui n'avait pas dédaigné de visiter les monts, les torrens, les cascades, les grottes. En un mot tout ce que la nature offre de plus curieux.

En conséquence, MADAME partit le 29, à six heures du matin, monta sur ces fertiles et riants coteaux; Elle s'empressa d'arriver sur leur crête pour en admirer les beaux aspects : parmi les nombreuses habitations dont ils sont ornés, on distingue la maison de campagne de M. le chevalier de Maucor, où la Princesse s'arrêta, et celle de M. de Perpigna, maire de la ville de Pau, où S. A. R. déjeûna.

Dans ces différentes courses, Elle parcourait, des yeux, la charmante vallée qu'arrose le *Soust*, sur les bords duquel on remarque les maisons de campagne de *Beterele* et de *Tout y Croit;* paisibles retraites, dont la première appartient à Madame la marquise de Gontaut, et l'autre à Madame la marquise de Jasses.

De quel côté où l'on porte ses regards, l'œil embrasse partout un horizon immense, où tous les points sont richement variés; en un mot, la nature a pris soin d'embellir cette heureuse contrée de tout ce qui pouvait flatter la vue. Ceux qui se plaisent à contempler ces merveilleux ouvrages, ne peuvent s'empêcher de convenir de cette vérité. Ecoutons un auteur qui, dans ses écrits, réunit le double avantage de plaire et d'instruire.

« Rien de plus délicieux, dit M. Ramond, que les
» environs de Pau, que les méandres du Gave, que
» les coteaux qui, en s'enchaînant, gouvernent son
» cours et fournissent à la culture un refuge que ses
» débordemens sont forcés de respecter. Rien de plus
» riche que ces beaux vignobles où l'on recueille le
» Jurançon, que ces pentes couvertes de moissons,
» que ces nombreux vergers et ces habitations épar-

» ses où le gentilhomme et le paysan, l'un comme
» l'autre propriétaires, vivent, selon leur condition,
» du produit de leurs champs. »

Parmi les promenades que la Princesse fit aux
environs de Pau, S. A. R. se rendit encore pour la
seconde fois à la maison de Lassensàa, dans laquelle
HENRI IV avait été nourri, après avoir eu successivement huit nourrices. On sait qu'elle s'empressa,
avant sa première entrée à Pau, de visiter cette remarquable habitation, qui est devenue sa propriété,
moyennant la somme de sept mille deux cents francs.

De Pau à la Vallée d'Ossau le 28.

Lorsqu'on part de Pau pour se rendre dans cette Vallée, on traverse la plaine du Gave et l'on s'engage bientôt dans un étroit vallon, au milieu duquel la petite rivière du Nés promène lentement de limpides eaux, qui, par d'obliques détours, augmentent l'agréable fraîcheur des vertes prairies dont ses rives fertiles sont couvertes : des coteaux, ornés de belles habitations, enrichis de vignobles, où l'on recueille un vin généreux, connu sous le nom de vin de Jurançon, recréent, en même temps, la vue du voyageur.

On distingue, en outre, sur un de ces coteaux la maison de campagne, qu'on nomme *Bergeret*, située dans une position magnifique au-dessus et près du pont d'Oli ; elle faisait anciennement partie des domaines nobles de la famille de Gassion.

La fertilité du vallon du Nés est un bienfait de cette rivière, dont les nouveaux dépôts exhaussent insensiblement le sol humide qu'elle a formé, comme l'atteste un pavé fait de petites pierres de différentes couleurs et qu'on trouve sous terre dans un pré qui borde cette rivière du Nés.

Bientôt après, on arrive à Gan, lieu devenu célèbre par la naissance de Marca, président au parlement de Navarre, puis évêque de Couserans, archevêque de Toulouse, et nommé à l'archevêché de Paris. Il doit

être considéré comme un des plus grands génies
du 17.ᵉ siècle! Son mérite, ses ouvrages, son érudi·
tion profonde, ses grands services rendus à l'église et
à nos lettres, l'ont élevé à ces éminentes dignités. Il
nâquit en 1594 d'une famille illustre.

. Le vallon que nous suivons n'a plus la même
largeur après le bourg de Gan; il est resserré par
des roches blanches, calcaires, qui s'élèvent sur les
deux rives du *Nés* et qui forment les belles carrières
d'où fut extraite une partie des matériaux des murailles du château de Pau.

En avançant vers le sud, on continue de remonter
la rivière du *Nés*, que des rochers escarpés traver-
sent et qui semblent vouloir arrêter son cours, en
s'élevant dans plusieurs endroits, au-dessus de ses on·
des qui, dans cette partie du vallon, sont bruyantes,
écumeuses et rapides; mais elles se jouent de tous
les obstacles; on les voit fuir et se précipiter avec
fracas au milieu des rochers dont le lit du *Nés* est
hérissé. Cette rivière, qui devient paisible au-dessous
de Gan, tombe ici par cascades et se montre fougueux torrent : on dirait, en considérant l'impétuosité de son cours, qu'elle est pressée de s'éloigner
des routes obscures et souterraines, qui la conduisent
au pied du pic de Rebenac, d'où semblable à la
fontaine de Vaucluse, à 4 lieues d'Avignon, on la
voit sortir avec un grand volume d'eau. Les limpides
ondes du *Nés* vont se confondre avec celles du Gave
Béarnais au-dessous de Jurançon : ainsi nait et s'en-
fuit cette rivière.

MADAME fut accueillie à Rébenac par toute la population aux cris de *vive le Roi! vive* MADAME! *vivent des Bourbons!* Sous l'arc de triomphe placé à l'entrée de la ville, on lisait l'inscription suivante:

Ventre Saint Gris, toujours pour les Bourbons.

Après Rébenac, ancienne propriété de la maison de Gontaut, ainsi que la terre de Sévignac, qui en est voisine, s'élève un pic calcaire très-remarquable quoique situé dans les collines, qu'il faut regarder comme un des premiers échelons de cette partie des Pyrénées.

Le belle source du *Nés* n'est pas la seule singularité remarquable des environs de Rébenac; on en trouve une autre à un quart de lieue au sud du pic de ce nom : elle contribue à donner l'eau nécessaire pour faire tourner un petit moulin. On ne peut douter qu'elle ne vienne directement du Gave d'Oloron, par un conduit souterrain ; il est facile de démontrer cette vérité. Il y a dans le canal du moulin de M. Bordeu, bâti dans la commune d'Izeste, sur la rive gauche de cette rivière, deux ou trois ouvertures où se perd, à travers des rochers de marbre, une certaine quantité d'eau; mais comme la vase qui s'accumule quelquefois, à leur entrée, s'oppose à son cours, le meûnier a soin de se transporter dans l'agréable propriété de M. Bordeu, et de faire enlever à l'extrémité de son jardin, les matières qui en obstruent le passage, précaution indispensable pour fournir l'eau nécessaire à son moulin.

En pénétrant plus au midi, dans l'étroit vallon du *Nés*, les yeux sont attristés par l'aspect des ruines éparses que les eaux des torrens ont anciennement entraînées du haut des montagnes. On remarque, non sans une surprise extrème, des blocs énormes de granit, de marbre au milieu des prés et des pâturages, dont cette gorge est bordée jusqu'à Sévignac, et qui forment un singulier contraste avec ces affreux débris.

A côté de ce désordre, on rencontre une carrière de pierre à plâtre, dans laquelle on distingue des fragmens d'albâtre gypseux, comme dans presque toutes les nombreuses plâtrières qu'on trouve dans les départemens des Basses-Pyrénées et des Landes.

Ces carrières de gypse ne sont guère éloignées des ruines du château de Sainte-Colome, qui fut brûlé en 1569 par l'armée de Montgomery, qui marchait vers Navarrenx, pour secourir cette place occupée par les protestans.

Quand on arrive presqu'au sommet d'un côteau formé de bancs de marbre gris horizonteaux, sur lesquels ce village est assis, le paysage change entièrement et s'embellit; l'œil agréablement surpris suit les riches campagnes de la vallée d'Ossau, dans presque toute leur étendue, parcourt les nombreux villages bâtis sur les bords rians du Gave, voit au loin les principaux réservoirs d'où cette impétueuse rivière tire ses intarissables sources : il considère enfin le Pic du Midi, qui s'élève jusqu'à la région des neiges perpétuelles, comme une espèce de pyramide, et qui placé presque sur les limites de la France, est visible pour une grande partie des peuples de l'Aragon et de l'ancienne Aquitaine. Soit qu'on le considère du côté du nord ou du côté du midi, sa position isolée, sa grande élévation et sa forme très-escarpée, excitent autant d'admiration que de surprise ; son front orgueilleux domine les montagnes qui l'entourent, et appelle la curiosité du voyageur.

De Sévignac, on descend dans le bassin d'Arudy, plaine charmante, située précisément au débouché des montagnes, et formée par les eaux vagabondes du Gave d'Oloron, qui, sous le pont Germe, se sont ouvert un passage à travers des masses calcaires qu'elles ont profondément creusées ; on voit les eaux se précipiter à gros bouillons dans cet horrible lieu, se briser contre les rochers avec un bruit, tellement effroyable, qu'elles semblent s'irriter d'être trop resserrées entre les digues naturelles qui les tiennent dans un lit étroit, profond et ténébreux.

La belle grotte d'Espalungue (*Spelunca*), ornée de nombreuses stalactites, s'ouvre au milieu de ce marbre caverneux : elle est située sur le territoire d'Izeste, lieu remarquable par la naissance du célèbre *Théophile de Bordeu*, qui, frappé d'appoplexie le 23 décembre 1776 à Paris, fut trouvé mort dans son lit ; ce qui donna occasion de dire *que la mort craignait si fort cet habile médecin, qu'elle l'avait surpris en dormant.*

La grotte d'Espalungue doit être comprise parmi

6

les plus remarquables qui s'ouvrent au sein des Pyrénées; je crois devoir dire ici que M. Théophile de Bordeu en a publié une intéressante description dans ses lettres à Madame de Sorberio, où je renvois le lecteur. Mais je ne m'éloignerai point de cette grotte sans faire remarquer que non loin de son entrée, on a trouvé quelques médailles; celles qui me sont connues paraissent avoir été frappées du temps de Gallien et de Tetricus.

La Princesse, en arrivant au pont de Louvie, y reçut de la part des habitans de l'arrondissement d'Oloron, le témoignage le plus éclatant de dévoûment, d'amour et de respect qu'ils offrirent à S. A. R. : à cet effet, des arcs de triomphe avaient été dressés à chaque extrémité du pont et auprès desquels on avait construit des amphitéâtres, qui furent occupés par un nombre prodigieux de dames, élégamment parées ; à ce spectacle, se joignait un groupe de jeunes filles vêtues de blanc, avec des ceintures vertes. On y voyait la plupart des fonctionnaires publics et des ecclésiastiques de l'arrondissement : autour d'eux se réunirent, en outre, six ou sept cents jeunes gens, vêtus en costume du pays. Enfin, plus de huit mille personnes s'étaient rendues au même lieu. Des cris mille et mille fois répétés, *vive* MADAME ! *vivent les Bourbons !* ne cessaient de se faire entendre. L'enthousiasme fut général et à son comble. (*Mémorial Béarnais.*)

Au reste, le village d'Izeste n'est séparé que par le Gave, de celui de Louvie, au-delà duquel et bien-

tôt après, on voit Castets, où l'on remarque les ruines du *Castel-Jaloux*, qu'on dit avoir été bâti par
Gaston-Phœbus et dans lequel séjournaient quelque
fois les anciens vicomtes de Béarn, qui étaient obligés de s'y rendre pour recevoir l'hommage des *Os-
salais* et pour administrer la justice en personne ;
car quiconque s'était réfugié dans la vallée, vivait
tranquille, sans pouvoir être arrêté. C'était une espèce d'asile, mais ce privilège cessait à l'arrivée du
prince.

Au S. S.-O. de Castets et non loin de ce lieu, on
trouve le beau village de Bielle, où l'on avait élevé
un temple de verdure et un arc de triomphe avec
des inscriptions. L'Eglise de cette commune est ornée de quatre belles colonnes de marbre.

On rapporte qu'Henri IV, étant devenu Roi de
France, demanda ces colonnes à la communauté de
Bielle, qui lui adressa la réponse suivante en idiôme
Béarnais : « *Sire*, *bous quets meste de noustes coos et
de noustes bes*, *mei per ço qui es deus pialas deu
temple*, *aquéts que son de Diu*, *d'ab eig quep at
bejats.* » Ce qui signifie : « Sire, vous êtes le maître de
nos cœurs et de nos biens ; mais quant à ce qui regarde les colonnes du temple, elles appartiennent à
Dieu arrangez-vous avec lui. »

On n'apprendra pas sans intérêt, que cette commune s'honore d'avoir produit une famille de laquelle
fut issu M. Laborde, banquier de la cour, et qui
devint un des plus riches capitalistes de l'Europe.
Le noble usage qu'il fit de sa grande fortune, le

rendit digne des trésors qu'il possédait : les Etats-
généraux de Béarn lui donnèrent un témoignage d'es-
time et de reconnaissance pour les services rendus à
ce pays ; lui accordant, ainsi qu'à ses descendans,
le droit de siéger parmi les membres de la noblesse.
Plusieurs de ses parens furent comblés de ses bienfaits.

Au-delà de Bielle, on voit plusieurs villages épars,
situés dans des campagnes très-fertiles et parmi lesquels on remarque la commune de *Louvie-Dessus*. Des
bancs de marbre blanc, à grandes et petites écailles,
s'offrent aux regards de l'observateur. Ils renferment
de belles carrières d'où l'on extrait, quelque fois,
des blocs que la sculpture ne dédaigne pas d'employer, malgré la nuance grisâtre qui, malheureusement, en altère la blancheur; mais par son grain
et sa texture il mérite d'être placé parmi les marbres
de Carrare et de Paros : c'est du moins la manière
de penser d'un sculpteur de la capitale, qui maniait
le ciseau avec une adresse, qui semblait donner à ses
ouvrages le mouvement et la vie.

Non loin de Louvie-Dessus, et à l'extrémité de la
vallée d'Ossau, on parvient à Laruns, où M. de Livron-Saint-Abit, maire de cette commune, eut l'honneur de mettre aux pieds de S. A. R., l'hommage de
dévoûment et de la profonde vénération de ses ad-
ministrés : cet hommage fut suivi d'une ronde Ossa-
loise, qui parut amuser l'auguste Princesse.

On quitte à Laruns le chemin des Eaux-Chaudes
pour monter aux Eaux-Bonnes, qui n'en sont éloi-

gnées que d'environ 2,000 toises. Le cours du Valentin, torrent que l'on cotoye, ses nombreuses et belles cascades, les villages d'Assouste et d'Aas pittoresquement placés en amphithéatre sur les flancs d'une montagne, qui domine la rive droite; tous ces objets, dis-je, étonnent, frappent, récréent tour-à-tour la vue du voyageur.

MADAME, duchesse d'Angoulême, arriva aux Eaux-Bonnes vers les neuf heures du matin. Elle y fut reçue par MM. le Préfet, le Sous-préfet de l'arrondissement et le Secrétaire-général de la Préfecture. S. A. R. voulut bien accepter un déjeûner que M. le Préfet avait eu le soin de faire préparer.

MADAME s'entretint avec M. Daralde, médecin-inspecteur des Eaux-Bonnes, des vertus de ces eaux, et prouva par les questions qu'Elle lui adressa, ainsi qu'au Sous-préfet, qu'Elle portait le plus grand intérêt à cet établissement. Elle parcourût, malgré la chaleur, toutes les promenades, et descendit jusqu'à la belle cascade du Valentin, qu'on peut compter parmi les plus remarquables des Pyrénées.

Au moment de quitter les Eaux-Bonnes, MADAME voulût bien témoigner sa satisfaction à M. le Sous-préfet.

M. le maréchal de Biron, qui avait fait glorieusement la guerre en Flandres pendant le règne de Louis XV, fut un des premiers illustres personnages qui firent usage des Eaux-Bonnes, et comme ce lieu ne renfermait que quelques logemens connus, ainsi que les bains de Cauterets et des Eaux-Chaudes, sous la dénomination de *Cabanes*, ce valeureux guerrier alla loger, avec Madame la duchesse son épouse, au château de Beost, appartenant à M. d'Espalungue-Casaux, et qu'un espace d'environ 2,000 toises sépare des Eaux-Bonnes; ainsi ces eaux minérales, comme celles de Saint-Sauveur, sont en partie redevables de leur réputation, savoir : les premières à M. le maréchal de Biron, les secondes à Madame la marquise de Gontaut.

Pendant que M. le Duc séjourna dans la vallée d'Ossau, elle ne cessa de retentir de bruyantes acclamations et de chansons Béarnaises, dans lesquelles les sentimens que sa présence faisait naître, étaient exprimés. Voici quelques couplets de celle qu'on attribue au bisayeul de M. d'Espalungue-Casaux, chevalier de l'Ordre Royal et Militaire de Saint-Louis, et membre distingué du conseil-général du département des Basses-Pyrénées.

Lou Duc et la Duchesse,   *(bis.)*
Le Duc et la Duchesse,
Deou grand noum de Birou   *(bis.)*
Du grand nom de Biron
Ban remplit d'allegresse   *(bis.)*
Ont rempli d'allégresse
Beost et l'embirou.   *(bis.)*
Béost et les environs.

Rouchers de las mountagnes   *(bis.)*
Rochers de ces montagnes

Témoings de nouste amou,   *(bis.)*
Témoins de notre amour,

Rembiat per las campagnes   *(bis.)*
Renvoyés par les campagnes

Lous bers de ma cansou.   *(bis.)*
Les vers de ma chanson.

Aütes cops nou parlaben   *(bis.)*
Autrefois on ne parlait

Que guerres et coumbats,   *(bis.)*
Que guerres et combats,

Adare que nou parlen,   *(bis.)*
A présent on ne parle

Que danses et qu'esbats.   *(bis.)*
Que danses et qu'ébats.

Tous dus Diou quep mentiengue, *(bis.)*
Que Dieu vous maintienne tous deux

Et quep gouerde de maou,   *(bis.)*
Et vous garde de mal;

Quauque hore queb soubiengue, *(bis.)*
Quelquefois qu'il vous souvienne

De queste val d'Eoussaou.   *(bis.)*
De la vallée d'Ossau.

On peut bien croire que des danses fréquentes et des promenades champêtres se mêlèrent à ces divertissemens; mais l'excursion qui dut paraître la plus agréable fut celle qui eut lieu dans les vastes prairies situées au-dessus du village de Bilhères, et connues sous la dénomination de *Prairies du Benou*, que M. le duc de Biron eut la curiosité de visiter.

Quelques années après cette époque, Madame de Crillon occupa le même château de Béost, d'où elle allait en porteur aux Eaux-Bonnes.

M. de Livron-Saint-Abit offrait également aux malades, une généreuse hospitalité, dans son château d'Espalungue, situé près de Laruns; et dans lequel je l'ai moi-même trouvée, ainsi que dans celui de Béost, lorsqu'à l'époque de mon jeune âge le mauvais état de ma santé m'obligea de faire usage des Eaux-Bonnes. L'on peut bien croire que j'en ai conservé le souvenir avec une vive reconnaissance pour les respectables propriétaires de ces deux habitations. Ils voudront bien en agréer l'assurance.

Deux particuliers d'Assouste, nommés Laborde et Sassus, avaient quelques logemens dont il fallait se contenter quoique leurs maisons fussent situées à 1200 toises des Eaux-Bonnes.

La commune d'Aas, propriétaire des sources minérales des Eaux-Bonnes, excitée à l'exemple de ces dernières, par l'affluence des étrangers, donna plus d'étendue aux Cabanes, mais sans en augmenter les commodités.

La grande disette des choses les plus nécessaires, si contraire au soulagement des malades, qui espéraient trouver dans l'usage de ces eaux, le rétablissement de la santé, dura jusqu'à l'heureuse époque, où M. le comte de Castellane, Préfet du département des Basses-Pyrénées, animé par des motifs d'humanité, conçut le louable projet d'y former les établissemens que demandait l'importance de ces salutaires sources.

Bientôt le séjour des Eaux-Bonnes, autrefois triste, désert et sauvage, fut embelli de plusieurs belles habitations. Une grande route, pratiquée sur les flancs d'une montagne très-escarpée, prit, depuis les environs de Laruns, la place d'un sentier étroit et tortueux, qu'on était obligé de suivre à travers d'affreux précipices, pour arriver aux Eaux-Bonnes : des bains plus propres et plus commodes furent substitués aux anciens.

Ces objets éminemment utiles, ne firent pas oublier les choses d'agrément; de nombreuses plantations faites avec autant de soin que de goût, formèrent des promenades très-agréables, vivifiées par le bruit du Valentin, fougueux torrent dont le rapide cours se fait admirer par une longue suite de cascades, qui rendent ses flots argentés, écumeux et bruyans.

Enfin, les Eaux-Bonnes possèdent les mêmes avantages dont jouissent les autres sources thermales les plus célèbres des Pyrénées.

Quand des Eaux-Bonnes on va visiter les Eaux-Chaudes, on descend à Laruns pour en prendre la route; dès qu'on sort de ce bourg, on traverse un torrent qui, trop souvent, occasionne d'affreux ravages : qu'il me soit permis d'en citer un terrible exemple.

En arrivant à Laruns (le 10 juillet 1801), je m'empressai de considérer les grands dommages na-

guère occasionnés par le furieux débordement d'un
torrent, qu'on nomme l'*Arriousé*, qui se précipite
avec un grand fracas, des montagnes boisées, situées
à l'ouest de ce lieu : ce torrent ayant grossi considérablement, à la suite d'une grande pluie, franchit
ses bords le 26 brumaire an 9, les eaux sorties de
leur lit ordinaire, se répandirent avec autant d'abondance que d'impétuosité dans les rues ; elles renver-
sèrent et dégradèrent plusieurs maisons, fermèrent
l'entrée d'un grand nombre d'autres habitations, en
accumulant autour d'elles une prodigieuse quantité
de sable, de gravier, de cailloux et de rochers, entraînés du haut des montagnes : ces débris se heur-
tant les uns les autres, en roulant, faisaient un bruit
effroyable. Laruns aurait éprouvé de plus grands dé-
gâts si les eaux s'étaient précipitées vers le même
point ; mais, par bonheur, les vagues menaçantes se
répandirent de tous côtés ; le village fut néanmoins
totalement inondé ; des bestiaux périrent noyés dans
leurs étables, et le sol de quelques rues fut exhaussé
de plus de six pieds par des atterrissemens prodigieux. Ce débordement effraya les malheureux habitans, au point que plusieurs d'entr'eux, saisis d'é-
pouvante, crurent ne trouver leur salut que dans
une prompte fuite : ils gagnèrent des lieux élevés
au-dessus des eaux profondes et bourbeuses, qui, par
l'impétuosité de leur cours, entraînaient tout ce qui
portait obstacle à leur passage.

Les uns n'écoutant que les devoirs de la piété
filiale, y transportent les vieillards ; les autres, con-

duits par des sentimens d'humanité, sauvent les infirmes; des mères éplorées et tremblantes emportent dans les bras leurs débiles enfans; quelques propriétaires s'occupent du transport de leurs meubles; mais le plus grand nombre des habitans, que retient dans leurs foyers l'onde qui les environne, sont réduits à l'affreuse alternative de risquer de se noyer en voulant en sortir, ou d'être ensévelis sous les ruines des dangereuses demeures dont les eaux sappent les fondemens.

Il est facile de se représenter l'horreur d'une telle situation; l'homme sensible et compatissant croit être témoin de l'effroi, du désordre et de la confusion qui devaient régner dans cette commune consternée; il croit entendre les cris plaintifs qui retentissaient de toutes parts, sur-tout au moment où le feu se manifesta dans une maison abandonnée de ses habitans, et qu'elle consuma sans qu'il fût possible d'y porter le secours nécessaire pour l'éteindre.

Cet accident survint au milieu des profondes ténèbres de la plus horrible nuit; la flamme dévorante qui sortait du sein des matières embrasées, réfléchie par le trop fidèle miroir de l'onde, servait à redoubler la frayeur de ceux que les eaux tenaient enfermés; sa clarté brillante au loin répandue, leur fit encore mieux connaître la grandeur du péril dont ils étaient menacés : ils virent les deux élémens les plus terribles réunis pour opérer leur ruine totale.

Nul espoir ne consolait l'ame contristée de ces infortunés, un grand nombre, prosternés au pied des autels, imploraient le secours de la providence; tous paraissaient condamnés à périr au milieu de l'incendie ou des flots impétueux, lorsque, par un effet de la bonté divine, le feu qui semblait devoir embraser Laruns entier, borna ses ravages, et ne brûla qu'un seul bâtiment.

En même-temps la pluie cessa : les eaux du fougueux torrent, qui menaçait de tout submerger et détruire, baissèrent peu à peu, rentrèrent dans leur lit ordinaire, après avoir laissé sur leur passage, de grosses tiges d'arbres et d'énormes débris entraînés du sommet des montagnes.

Au dehors de Laruns, une grande étendue de terrain, qui n'offrait, avant l'innondation, que de riches prairies et des champs fertiles, est actuellement ensevelie sous des amas immenses d'arides cailloux; au dedans, l'œil est attristé par la vue de plusieurs maisons détruites, par l'encombrement des rues et par la dégradation de la place publique. On essaiera sans doute de défendre Laruns contre les nouvelles attaques de l'Arriousé, en élevant des digues sur ses bords. Telle est la manière dont je m'exprimais lorsque je rapportai, pour la première fois, cet affreux événement.

Dès qu'on a traversé le torrent, dont on vient de voir les ravages, on monte sur des rochers anciennement très-escarpés qui formaient un des plus dangereux passages des Pyrénées. On lui avait donné la dénomination de *Hourat*, qui veut dire *trou* qu'il porte encore; mais il n'offre plus les mêmes difficul-

tés ; la confection d'une grande route les a fait disparaître.

On voyait autre fois, à l'origine de ce défilé, une
inscription, qui fut détruite à l'époque où l'on fit
le chemin des Eaux-Chaudes, où l'on arrive après
environ une demi-heure de marche. Voici la trans-
cription de ce monument.

SISTE VIATOR.

*Mirare quæ non vides et vide quæ mireris, saxa
sumus et saxa loquimur, esse dedit natura, loqui
Catharina, Catharinam hæc ipsa quæ legis intuen-
tem vidimus, Catharinam loquentem audivimus, Catharinam insedentem sustinuimus, felicia saxa, viator, quæ illam sine oculis vidimus ; felicem te qui
eam oculis non videris ; nos viventia quæ antea era-
mus mortua, tu viator qui vivebas, factus fuisses
saxum Catharina francorum, Navarreorum principi,
hac iter facienti, musæ virgines virgini posuere.
Anno* M. D. XCI.

AVE QUISQUIS ITER HAC HABES.

*Quod vides perierat, sed interitus vitam peperit,
ne indigneris vetustati quæ Catherinæ principis mo-
numentum destruxit, nam temporis emendavit inju-
riam, cùm hoc marmor restituendum curavit Joannés
Gassionnus, sacri consistorii consil. ordin. in supremo
Navarræ senatu præses, et in Navarra Bearniâ Boiis,
Tarbellis, Viterigz, regis dominio justitiæ portitiæ,
et ærarii summo jure prefectus.* M. DC. XLVI.

Je joins ici la traduction que M. Bordeu a donnée de ces deux inscriptions :

« Arrête-toi passant, admire ce que tu ne vois pas,
» et regarde des choses que tu dois admirer; nous ne
» sommes que des rochers, et cependant nous par-
» lons; la nature nous a donné l'être, et la princesse
» Catherine nous a fait parler; nous l'avons soute-
» nue : ne sommes-nous pas heureux, passant, de
» l'avoir vue, quoique nous n'ayons point d'yeux?
» Heureux toi-même de ne l'avoir pas vue; nous
» étions morts, et nous avons été animés; toi, voya-
» geur, tu serais devenu pierre. Les Muses ont érigé
» ce monument à Catherine, princesse des Français-
» Navarrais, qui passait ici l'an 1591. »

« Dieu te garde, passant; ce que tu vois avait
» péri, mais la mort l'a fait renaître; ne te plains
» pas de la vetusté qui a détruit le monument de
» la princesse Catherine, car l'injure du temps a été
» réparée, quand ce marbre a été rétabli par les
» soins de Messire Jean de Gassion, conseiller d'état,
» président au parlement de Navarre, et intendant-
» général du domaine du roi de la justice, police et
» finances dans la Navarre, le Béarn, la Chalosse, le
» Bigorre et le Vicbilh, l'an 1646. »

On trouve aussi, auprès des Eaux-Chaudes, au-dessus de la source de l'Arresec, l'inscription suivante, gravée sur un rocher : elle m'a été communiquée par M. Flamichon, qui dit l'avoir copiée mot à mot avec toute l'exactitude possible.

ADAME CATHEN

DE FRANCE, SŒUR DU ROY TRÈS-CHRÉTIEN HENRY IV,

en juin 1591.

CAVCASVS ET RHODOPE TRISTI DELEBITVR ÆVO

AT NOSTRO INSCVLPTA PECTORE FIXA MANENT.

La Princesse fut reçue aux Eaux-Chaudes par M. le Préfet, qui l'avait précédée de quelques instans. MADAME daigna adresser plusieurs questions sur cet établissement à M. le docteur Samonzet, reposa chez lui une demi heure, goûta des eaux minérales de toutes les sources, qui se ressentent de la protection que M. Dessolle accorde à tous les établissemens que réclame la chose publique. Ceux qui subsistent aujourd'hui ne suffisant point à la grande affluence des malades, vont être infiniment augmentés par les soins de ce vertueux magistrat. Ces bains salutaires sont connus depuis un temps immémorial, tandis que ceux de Barèges, de Saint-Sauveur, des Eaux-Bonnes sont loin d'avoir la même ancienneté : on sait que nos souverains se plaisaient à les fréquenter.

M. Lebret, qui écrivait en 1700, dit aussi, que les Eaux-Chaudes, avaient une grande réputation.

Au-dessus des rochers qui dominent les Eaux-

Chaudes et sur lesquels les chêvres qui se jouent au bord des précipices, vont brouter les feuilles des arbrisseaux, est un lieu solitaire qu'on nomme *Goust* : là, s'ouvre un petit espace, étroite et paisible enceinte qui renferme des champs, des prés, au milieu desquels on voit douze maisons : le nombre ne paraît point avoir augmenté depuis plus de deux cents ans. Les habitans de ce hameau, qu'entourent de très-hautes montagnes, ont eu la réputation de vivre long-temps.

« Il y a dans les Pyrénées, dit un auteur qui écrivait au commencement du 17.ᵉ siècle, « des hommes » qui sont venus, de la mémoire de nos pères, à cent » cinquante ans, et en avait vu un qui disait avoir » été de l'an 1482, et est parvenu jusqu'au règne du » Roi à présent régnant, et n'est mort que depuis » quelques années. Il se tenait à Goust, village de » douze maisons, dans les montagnes au-dessus » d'Aigues-Caudes sur Laruns, bourg fameux dans » le pays de Béarn. » Voyez *la Chronologie Septenaire de l'Histoire de la Paix, entre les Rois de France et d'Espagne, l'an 1664.*

Tous les pas de S. A. R. étant marqués par des bienfaits, Elle laissa aux communes d'Aas et de Laruns, dont dépendent les établissemens des Eaux-Bonnes et des Eaux-Chaudes, six cents francs pour être distribués aux pauvres.

La Princesse, après avoir visité les Eaux-Chaudes, alla se promener du côté de Gabas, pénétra dans l'épaisseur des forêts de hêtres et de sapins des environs de cet ancien hôpital, construit au-delà des Eaux-Chaudes pour servir d'asile aux voyageurs, comme l'hospice de Saint-Bernard et de Mont-Cenis dans les Alpes.

Gabas est à la distance d'environ 3,500 toises des Eaux-Chaudes. Là, deux chemins, ou plutôt deux sentiers différens, mènent en Espagne; l'un par la *case de Broussette* et l'autre par le *Col des Moines*, dénomination due à la communication des moines de Gabas, avec ceux de Sainte-Christine.

Nous allons suivre la première route à travers les sombres forêts de sapins, qui croissent sur les roches qui s'appuyent du côté du nord contre le Pic du Midi : ces lieux déserts et sauvages retentissent du bruit des eaux du Gave, qui, rapides et pleines d'écume, mugissent en courroux, se précipitent à travers une prodigieuse quantité de blocs énormes de granit, dans un étroit canal, dont elles creusent, rongent le lit et les bords.

> *Sub montibus altis*
> *Còncava vallis erat densis hunc fontibus atrum*
> *Urget utrinque latus nemoris, medioquè fragosus*
> *Dat sonitum saxis et torto vertice torrens.*
>
> VIRG., 7 Œneïd.

Quoiqu'on ne se lasse point de contempler ces belles horreurs, on ne saurait rester insensible à la vue d'une infinité de plantes qui croissent autour

7.

de Gabas. La digitale à grandes fleurs pourprées, se montre principalement dans ces lieux sauvages : énorgueillie de sa belle couleur, elle élève sa brillante tête au-dessus des autres fleurs, qui tapissent les creux de la roche primitive; contraste singulier de pompe et de stérilité qu'offrent ici les sombres masses de granit.

Le sorbier des oiseleurs et le sureau à grappes parent aussi les bords escarpés des eaux bruyantes du Gave, et charment l'œil par leurs fruits rouges.

Les montagnes arides qui couronnent l'étroite enceinte de ce triste lieu, sont le repaire le plus habituel de l'ours; souvent cet animal féroce, pesant et difforme, menace les troupeaux et vit de carnage. J'ai vu, durant l'été de 1801, plusieurs malheureux pâtres et bergers, descendre à regret de ces funestes lieux avant le temps ordinaire, dans la crainte que le bétail dont la garde leur était confiée, ne pût échapper aux griffes de l'ours qui, chaque jour, portait l'alarme et l'épouvante, presqu'au sein même du bercail.

Le 28 décembre 1818, le sieur Bergé de Laruns attaqua une grande ourse dans une caverne que renferme la montagne de Bitet, située près des Eaux-Chaudes : cette bête féroce, après avoir été atteinte de deux coups de fusil, s'élança sur lui, se prit corps à corps au bord d'un affreux précipice, où elle périt en tombant et sans entraîner dans sa chute mortelle l'intrépide chasseur. Malgré ces exemples et quoique j'aie visité un très-grand nombre de fois ces montagnes, elles n'ont jamais offert à mes yeux aucun ours.

Les forêts qui couronnent les montagnes de Gabas, sont remarquables par la beauté des sapins qu'elles produisent. Le Gouvernement avait commencé l'exploitation de ces arbres antiques pour les employer à la construction des vaisseaux ; pendant qu'elle était en activité, j'ai vu ces profondes solitudes, animées par de nombreux ateliers, les sapins et les hêtres tomber sous les coups redoublés de la hache, dont les échos des montagnes ne cessaient de retentir. Ces arbres énormes, dépouillés de leurs branches, étaient transportés sur les rives du Gave au-dessous d'Oloron, dans des chars qui gémissaient sous le poids : on en formait ensuite des radeaux, qui, bientôt abandonnés au cours impétueux de cette rivière, arrivaient à travers mille écueils à Bayonne, conduits par des hommes non moins adroits que courageux.

On regrette qu'une partie de ces majestueuses forêts, ornées d'un éternel feuillage, qui résiste à toute la rigueur des hivers, n'ait pas eu la même destination et qu'elle soit devenue la proie des flammes : le grand nombre de sapins qu'elles n'ont dévoré qu'à demi dans les montagnes de Gabas, attristent encore la vue.

Que de puissans motifs, pour veiller à la conservation des bois et pour renouveler ceux que l'on a dégradés : l'exploitation des mines offre une raison de plus : les Pyrénées renferment principalement d'abondantes minières de fer, précieux métal, utile à l'homme, et qui dans les mains belliqueuses des Français est devenu le principal instrument de leurs victoires.

Au-delà de Gabas on trouve en allant au port de Salient la case de Brousette, maison isolée appartenant à la commune de Laruns, et principalement destinée pour les bergers, dont les troupeaux paissent sur les montagnes voisines et verdoyantes : c'est là que durant la belle saison, on sale les fromages qui se font dans les différentes cabanes des environs.

Cette habitation est en même-temps une auberge, que l'on doit s'estimer heureux de trouver au sein des sauvages déserts qui l'environnent, et quoiqu'elle n'offre pas les commodités des hôtelleries plus fréquentées, on doit se féliciter d'avoir un pareil gîte dans ces lieux écartés. C'est d'ailleurs la station qui présente le moins de difficultés, quand on a le dessein de gravir le Pic du Midi.

La case de Brousette est loin d'être troublée par l'importunité des voisins ; elle est à trois heures de marche de Gabas ; et dans cet intervalle, nulle autre habitation ne s'offre aux yeux du voyageur : une chaîne de montagnes, qu'on appelle le *Port de Salient*, la sépare du village de ce nom, en Espagne ; sa position est à la distance d'environ 4000 toises de la case de Brousette. Cette commune est située dans la vallée de Thene, où Centulle IV, vicomte de Béarn, fut assassiné avec ses gardes en 1088, dans la maison d'un de ses vassaux nommé *Garcia*, où il avait logé, en allant secourir le roi d'Aragon contre les Sarrazins. Centule IV rebâtit et repeupla la ville d'Oloron qui avait été ruinée par les Normands.

Les montagnes de la vallée d'Ossau, plus hautes que celles de la vallée d'Aspe, sont dans leur plus grande élévation, entièrement dépouillées de verdure, aspect affreux qui ne présente que des pics isolés, dont on ne peut approcher; tel est le pic du Midi, repaire assuré des Aigles et des Vautours; il domine fièrement presque toutes les montagnes qui l'entourent. Sa hauteur est, suivant M. Reboul, de 1531 toises au-dessus du niveau de la mer. Sa tête sourcilleuse et son contour escarpé, presque toujours entourés de frimats, semblent soutenir le ciel. On le croirait formé pour servir de méridien au château royal de Pau, auquel l'art humain ne pourrait en procurer aucun aussi digne de nos regards et de notre admiration.

Les débris qu'on trouve au pied du Pic, prouvent combien le temps y exerce son empire; les regards ne sont fixés que par des rochers énormes qui, amoncelés les uns sur les autres, défendent à l'homme d'approcher, et les flancs escarpés de cette montagne, opposent à son audace un rempart presqu'inaccessible.

Les lavanches sont une des principales causes de la destruction des montagnes. J'espère qu'on me permettra de rapporter un exemple des ravages qu'un pareil éboulement de neige occasionna pendant l'hiver de 1789 aux environs de Gabas. La lavanche avait détruit un bois planté sur une montagne de la rive-

gauche du Gave : en même-temps que les arbres
étaient abattus par cette masse énorme de neige,
ils produisaient, au moyen de leurs racines, les effets du levier : des rochers, au sein desquels elles
avaient pénétré, furent ébranlés, soulevés, détachés
et roulèrent confondus avec la lavanche, jusqu'au
fond d'un étroit vallon.

Cette partie des Pyrénées présentait un aspect tellement hideux, qu'elle semblait avoir été violemment
ébranlée sur ces antiques fondemens. La pente de la
montagne, où l'on trouvait, avant ce désastre, une
ombre impénétrable aux rayons du soleil, n'offrait
plus qu'une affreuse nudité.

Mais ce qui doit paraître encore plus étonnant que
cet horrible désordre, c'est la violence du vent dont
la lavanche était précédée; cette grande agitation de
l'air, occasionnée par la chûte des neiges et comparable aux plus furieuses tempêtes, abattit de l'autre côté du Gave une prodigieuse quantité de sapins,
plantés des mains de la nature, peut-être n'excéde-
rait-on pas le nombre des arbres renversés en les
fixant à quatre cents.

Les guides qui conduisent l'observateur jusqu'à la
partie la plus méridionale de la vallée d'Ossau, ne
manquent pas de l'entretenir d'un malheureux ecclésiastique dont les dépouilles mortelles gissent dans
cet horrible lieu; j'espère que les personnes sensibles liront avec intérêt une histoire abrégée du déplorable événement survenu au milieu de ces ruines

accumulées, et dont j'ai déjà donné connaissance dans un de mes Mémoires.

M. Darripe, curé d'Ogenne, commune située près de Navarrenx, étant du nombre des prêtres qui ne se conformèrent pas à la constitution civile du clergé, fut intimidé par les menaces de quelques individus, dont l'opinion différait de la sienne. Des bruits répandus, sans doute à dessein de l'effrayer, lui firent craindre d'être arrêté par la gendarmerie, à peine en est-il informé, qu'il s'occupe des moyens de se dérober à sa poursuite.

Dans son extrême frayeur, M. Darripe s'empresse de fuir : il quitte, en désordre et précipitamment, l'asile dont il avait naguère fait choix : il part à pied de Précillon, village voisin d'Oloron, le 6 ou 7 mai 1793, vers les trois heures du soir avec sa gouvernante, domestique fidèle vouée depuis quelque temps à son service; il marche toute la nuit et se rend le lendemain au matin, vers la pointe du jour, à Gabas, où M. Darripe prend un guide, pour passer en Espagne par le *Col des Moines.* Ces imprudens voyageurs se remettent en chemin, vers les sept heures, malgré la neige et la pluie, qui tombaient abondamment.

Après environ une heure de marche, ils arrivèrent péniblement dans un de ces petits bassins, situés au pied du Pic du Midi, du côté de l'Ouest, plaines herbeuses, que les menaçantes ruines de cette énorme pyramide ont respectées et qu'on doit regarder comme autant de lacs desséchés et comblés par les matières terreuses, que les eaux ont transportées du sommet des montagnes : il ne cessait de tomber de la neige; déjà plus d'un demi pied cachait la surface de l'ancienne, et son épaisseur augmentait à mesure qu'on avançait vers des lieux plus élevés.

Le guide, redoutant les funestes effets de ce temps froid et neigeux, touché d'ailleurs de l'état déplorable dans lequel il voyait ce malheureux ecclésiastique, lui proposa de s'arrêter sous un énorme rocher saillant, qui paraissait offrir un abri, d'allumer du feu, pour sécher ses habits mouillés; ajoutant que dans ce lieu, l'on pouvait attendre un moment plus favorable pour franchir la crête des Pyrénées, ou pour rétrograder, si les sombres nuages, dont la cime des montagnes était obscurcie, ne se dissipaient point.

Ces sages conseils, dictés par la prudence, ne furent point accueillis : ils ne s'accomodaient guère avec la vive impatience de M. Darripe, que le trouble et la frayeur conduisaient dans une contrée étrangère. Né, d'ailleurs, au sein des Pyrénées et familié dès son enfance, avec les précipices, les neiges et les frimats, il ne voyait aucun danger dans les montagnes sur lesquelles il se proposait de gravir.

Cependant ses forces n'égalaient pas son courage: excédé d'une course aussi pénible qu'elle était longue; succombant, malgré la vigueur du corps, sous le poids de vêtemens chargés d'eau; accablé par le défaut de sommeil, il se traînait lentement en silence; et lorsqu'il eût passé la plaine de Bius, alors couverte d'une épaisse couche de neige, il se sentit

affaibli d'une manière alarmante et manqua tomber
en défaillance; d'ailleurs, il éprouvait une sorte d'as-
soupissement; car, quoique ces affreux déserts n'of-
frissent aucun abri contre la neige et la pluie, il ne
cessait de témoigner le désir de se livrer un moment
au sommeil. Tout à coup sa marche devient plus in-
certaine et lente; les forces l'abandonnent, ses genoux
fléchissent; il se baisse vers la terre, en cherche de
ses mains affaiblies le solide appui, ne désirant d'autre lit de repos, malgré la neige abondante qui tombe,
que le gazon humide qu'il foule à ses pieds; mais il
n'était plus temps de s'arrêter : le guide, contraint
de fermer son cœur à la pitié, le réveille, le presse
de partir, lui représente l'extrême incommodité du
lieu, la nécessité de rétrograder ou de gagner par
le Col des Moines, le revers méridional des Pyrénées,
où le ciel est moins nébuleux, et de descendre à
Sainte-Christine. A peine avaient-ils fait quelques pas
que le guide reconnut que ce passage était impra-
ticable; en effet, dès qu'ils eurent gravi sur des rochers
voisins ou dépendans du quartier qu'on nomme le
Castrau, les difficultés augmentèrent; la neige, pous-
sée par un vent impétueux, tombait à gros flocons,
et de plus, en tourbillons, qui, continuellement,
offusquaient la vue, au point qu'il ne fut plus possible de distinguer aucun des précipices ouverts sur
cette route : les sombres ténèbres de la nuit n'auraient pu devenir plus funestes à ces malheureux
voyageurs.

Le guide entrevit le danger auquel on s'exposait,

en cherchant à pénétrer plus loin; il fit part de ses justes et vives craintes à M. Darripe, lui conseilla de revenir sur ses pas; mais toutes ses représentations furent inutiles; l'infortuné fugitif, dont les forces avaient été réparées en buvant un peu de vin, répondit que rien n'était capable de l'empêcher de tenter le passage de la crête des Pyrénées, et qu'il aimait mieux mourir que rétrograder. L'homme prudent qui l'accompagnait, faisant de vains efforts pour le dissuader de la témérité de cette entreprise, abandonna M. Darripe et sa gouvernante, non moins opiniâtre, à leur triste destinée, et prit le chemin de Gabas. Cependant, en rebroussant, il ne cessait de porter des regards inquiets vers eux et de les conjurer de descendre de ce lieu dangereux; mais l'un et l'autre gardèrent un profond silence.

Il est à présumer qu'ils virent bientôt eux-mêmes l'impossibilité de passer le Col des Moines, et la nécessité de s'éloigner de l'affreuse région dans laquelle ils s'étaient témérairement engagés; mais, hélas! il n'était plus temps de prendre le parti que la prudence aurait dû leur suggérer plutôt; la neige et la pluie devinrent peu à peu plus abondantes; les vents plus impétueux, le danger plus imminent : la gouvernante fut la première victime d'un dessein dont l'exécution paraissait si hazardeuse; elle périt au-dessous et non loin du lieu froid et pierreux, où le guide avait laissé ces deux infortunés voyageurs, luttant avec courage, contre les obstacles que la rigueur du temps leur présentait à chaque pas.

M. Darripe après avoir été le triste témoin de cet affreux événement, et que nous supposerons plongé dans la profonde douleur que devait lui causer la perte d'un domestique qui, n'écoutant que son affection pour son maître, avait tout sacrifié pour le suivre dans sa fuite trop précipitée, craignant sans doute de partager son funeste sort se retira vers Gabas : on conjecture qu'il dût errer péniblement dans cet horrible et sauvage désert ; mais quoique la neige n'eût laissé nulle trace de chemin, il trouva néanmoins le moyen de descendre de l'effroyable lieu dans lequel son imprudence l'avait engagé.

Il n'était guère éloigné d'une route commode, pratiquée pour l'exploitation de la forêt de Gabas, lorsqu'en suivant, par malheur, le cours trompeur d'un ruisseau, qu'il fallait seulement traverser, il alla s'enfoncer dans l'épaisseur d'un bois écarté, dont le sol est horriblement hérissé d'innombrables et gros rochers détachés du Pic du Midi, par un effet des ravages du temps : ce fut au milieu de ces affreux débris, des sollitudes inhabitées de *Bius Houmet*, dont le profond silence n'est interrompu que par les rugissemens des ours et les cris des oiseaux de proie, que ce respectable ministre des autels, transi sans doute de froid, saisi de frayeur, épuisé de lassitude, perdit misérablement la vie.

Quelques jours après ce funeste événement, des personnes inquiétes du silence de cet ecclésiastique qui, lors de son départ, avait promis de leur écrire, dès son arrivée en Espagne, se rendirent à Gabas, pour s'informer de ce qu'il était devenu; le même guide qui l'avait accompagné les mena jusqu'à Camfranc, en gravissant sur les mêmes rochers, au milieu desquels il avait laissé M. Darripe et sa gouvernante; le hazard les conduisit très-près de l'endroit où gissait le cadavre de cette pauvre fille, à qui son dévoûment avait coûté la vie; mais il était alors tellement couvert de neige, qu'on ne put le trouver; il ne le fut que vers le milieu de juin par des voyageurs qui passaient en Espagne : on découvrit celui de M. Darripe plus tard; on trouva ce malheureux et digne prêtre couché sur le dos, les bras étendus en croix et la face tournée vers le ciel horriblement défigurée par les vautours; sa touchante attitude était celle d'un homme qui, abandonné de la nature entière et prêt à rendre le dernier soupir, implore, dans cette affreuse extrémité, le secours et la miséricorde de la Providence Divine.

J'ai pénétré jusqu'aux lieux obscurs et sauvages, qui furent témoins d'une fin si déplorable et qu'ombrage l'éternelle verdure des sapins : à l'aspect de l'entassement des rochers qu'ils recèlent et que le temps a fait tomber du haut des montagnes voisines, à l'aspect, dis-je, de ces hideux débris avec lesquels sont mêlées et confondues les cendres d'un ecclésiastique que ses vertus rendait digne d'un destin moins malheureux, mon âme, profondément émue, ne put se défendre d'un sentiment d'horreur et de tristesse. Mais il est temps de reprendre le récit du principal sujet de cet opuscule.

Les mémoires de la vie de Jacques-Auguste de Thou, nous apprennent : « Que M. de Candale, pro- » che parent de la reine Jeanne, était aux eaux de » Béarn à la suite de Henri d'Albret, Roi de Na- » varre, père de la princesse Jeanne, que dans le » séjour qu'il y fit il ne craignit pas de monter à » la montagne qu'on nomme les *Jumelles*, à cause » qu'elle se sépare par le haut en forme de fourche; » que dans le temps qu'il préparait tout ce qu'il crut » nécessaire pour son dessein, plusieurs gentilshom- » mes, et d'autres jeunes gens, vêtus de simples ca- » misoles pour être moins embarrassés, s'offrirent de » l'accompagner; qu'il les avertit que plus ils mon- » teraient plus ils sentiraient de froid; ce qu'ils » n'écoutèrent qu'en riant; que pour lui, il se fit » porter une robe fourrée par des paysans qui con- » naissaient les lieux; que vers le milieu du mois » de mai, sur les quatre heures du matin, ils mon- » tèrent assez haut pour voir les nuées au-dessous » d'eux; qu'alors le froid saisit ces gens qui s'étaient » si fort pressés, de manière qu'ils ne purent passer » outre; que pour lui, il prit sa robe et marcha » avec précaution, accompagné de ceux qui eurent » le courage de le suivre; qu'il monta jusqu'à un » endroit où il trouva des retraites de chèvres et de » boucs sauvages, qu'il vit courir par troupes sur ces » rochers escarpés; qu'ayant été plus loin, il remar- » qua quantité d'aires d'aigles et d'autres oiseaux de » proie; que jusques-là ils avaient rencontré des tra- » ces taillées dans le roc, par ceux qui y avaient

» auparavant monté; mais jusqu'alors on ne voyait
» plus de chemin, et que pour gagner le sommet,
» il restait encore autant à faire qu'on en avait fait;
» que l'air froid et subtil, qui les environnait, leur
» causait des étourdissemens qui les faisaient tomber
» en faiblesse; ce qui les obligea de se reposer et de
» prendre de la nourriture; qu'après s'être enveloppé
» la tête, il se fit une nouvelle route avec l'aide des
» paysans qu'il avait amenés; que quand le roc ré-
» sistait au travail, on se servait d'échelles, de crocs
» et de grappins; que par ce moyen il arriva, en-
» fin, jusqu'à un lieu où ils ne virent plus aucune
» trace de bête sauvage, ni aucun oiseau, qu'on
» voyait voler plus bas; que cependant on n'était
» pas encore au sommet de la montagne; qu'enfin,
» il le gagna, à peu de distance près, avec l'aide de
» certains crochets qu'il avait fait faire d'une manière
» extraordinaire; qu'alors il choisit un lieu commode,
» d'où il put regarder sûrement jusqu'en bas; qu'il
» s'y assit, et qu'avec le quart de cercle, il com-
» mença à prendre la hauteur; qu'il prit pour rez-
» de-chaussée, le courant paisible, que les eaux qui
» se précipitent de rocher en rocher avaient formé;
» que jusqu'au plus haut de la montagne qu'il me-
» surait aisément du lieu où il était, il trouva onze
» cents brasses ou toises de notre mesure, la toise
» de six pieds, ce qui compose treize cent vingt
» pas géométriques, le pas de cinq pieds à la ma-
» nière des Grecs. » Page 62.

Outre l'étonnement et l'admiration que devait cau-

ser à l'Auguste Princesse, la remarquable structure
de ce mont sourcilleux, on peut bien présumer
qu'Elle l'observa avec d'autant plus d'intérêt, que
M. de Candale était parvenu jusqu'à la partie presque la plus haute de cette montagne escarpée. Nous
avons vu que M. de Thou le disait proche parent
de la reine Jeanne, que Daubigné peint dans les ter-
mes suivans : « N'ayant de femme que le sexe, l'âme
» entière aux choses viriles, l'esprit puissant aux
» grandes affaires, le cœur invincible aux grandes
» adversités. »

Au reste, comme nous avons observé au pied de
ce remarquable Mont, des blocs innombrables de
granit, confusément entassés autour de son affreuse
base, et que les débris de cette même roche se montrent avec abondance, non-seulement sur les collines
et les coteaux qui bordent le Gave d'Oloron, dans
toute l'étendue de son cours, mais en outre dans les
plaines que cette rivière arrose aujourd'hui ; il est
vraisemblable que le Pic du Midi de Pau était anciennement beaucoup plus élevé qu'il ne l'est de nos
jours, et que par conséquent M. de Candale dût
trouver plus d'obstacles, comme il paraît même par
son récit, pour gravir sur cette montagne, que les
observateurs actuels qui désirent en atteindre aujour-
d'hui la cime.

En effet, on peut bien croire que les ravages du
temps ont dû causer de grands changemens à la surface de cette montagne depuis l'époque dans laquelle
vivait Henri d'Albret, qui naquit à Sanguessa en

1503, et mourut à Hagetmau en 1555, ce qui comprend au moins trois siècles jusqu'à nos jours.

M. de Marca dit, dans son Histoire de Béarn, qu'on voit les deux mers, du Pic du Midi, ce qui semble supposer qu'on y avait déjà monté de son temps. Si on n'en a point imposé à cet illustre prélat, je ne suis pas étonné qu'un observateur, placé au sommet, ait pu apercevoir l'Océan, puisque le Pic du Midi se fait remarquer distinctement à la distance de quarante lieues, comme je l'ai moi-même observé des environs de Bazas, sans le secours d'aucune lunette; mais je pense qu'il n'est pas possible de distinguer la mer Méditerranée; les montagnes du Bigorre du Comminges, situées à l'Est du Pic étant plus hautes, sont un obstacle à cette découverte. D'ailleurs la distance du Pic du Midi d'Ossau à la mer Méditerranée est beaucoup plus grande que celle du même Pic au Golfe de Gascogne.

MADAME, après être parvenue au pied de ce monument colossal, dont elle foula les ruines accumulées, et après avoir considéré jusqu'à la cime ses flancs escarpés, ne trouvant plus dans ces lieux écartés, inhabités et sauvages, l'heureuse occasion d'exercer sa bienfaisance naturelle, revint au milieu d'un peuple de qui S. A. R. avait reçu les preuves les plus éclatantes de son dévouement et de son respect.

Combien le Béarn ne doit-il pas s'estimer heureux de pouvoir présenter, à l'admiration de ceux qui se plaisent à contempler les merveilles de la nature, le magnifique spectacle d'une des parties les plus inté-

ressantes des sourcilleux remparts qui séparent la
France de l'Espagne, et de posséder de respectables
monumens qui rappèlent à leur mémoire le souvenir
d'Henri le Grand.

Mais si le Pic du Midi d'Ossau excite leur curiosité, ne doivent-ils pas regretter que ses flancs taillés
en précipices, le rendent d'un accès difficile et ne
permettent pas au commun des observateurs, d'en
atteindre la cime haute et nue, qui, au reste, ne
paraît guère accessible que du côté de l'Est. Les autres parties de son roide contour, n'offrent que des
pentes verticales. Tous ces obstacles ne souffrent
point que les curieux de la nature puissent visiter,
aisément, cette sorte de pyramide : j'ai jugé convenable d'en ajouter la description à la suite de cet
itinéraire. J'espère qu'elle leur procurera la connaissance de plusieurs faits intéressans, dont ils seraient
peut-être privés, si j'omettais de les rapporter.

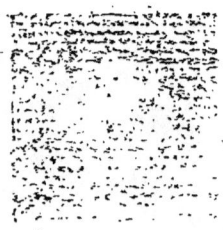

OBSERVATIONS

FAITES

AU PIC DU MIDI

DE LA VALLÉE D'OSSAU.

Quand on a lu le récit de l'excursion faite au Pic du midi par M. de Candale, on ne s'étonne point de ne connaître qu'un très-petit nombre de curieux qui aient eu le courage de monter sur cette haute pyramide, parmi lesquels on distingue M. le baron Armand d'Angosse et M. Daugerot, de Nay, qui furent des premiers à parvenir jusqu'à la cime.

Cette montagne mérite d'autant plus une description particulière, qu'étant placée vis-à-vis le château royal où naquit le Grand Henri, elle forme la partie la plus étonnante de son admirable point de vue ; j'espère qu'on ne sera point fâché de trouver ici l'extrait d'un voyage que j'eus le plaisir d'y faire avec M. le baron de Laussat. Comme la case de Broussette, dont le Pic du Midi se montre au N.-O, est la station la plus commode pour y gravir, nous nous rendîmes le 11 juillet 1801 dans cette hôtellerie où nous passames la nuit et en répartimes le lendemain à 4 heures du matin.

Nous montâmes d'abord sur une haute montagne, couverte d'un épais gazon. Favorisés par la fraîcheur du matin, ravis de la sérénité du ciel qui présageait un beau jour, animés enfin, par une vive curiosité, nous atteignîmes, bientôt, des lieux assez élevés, sans nous apercevoir, pour ainsi dire, de l'extrême rapidité de leur pente. Ayant traversé rapidement un bois de hêtres et de sapins, dont l'ombrage importun dérobait la vue des roches voisines, nous arrivâmes aux bords solitaires d'un médiocre torrent, qui va porter au Gave, non loin de la case de Brousette, le faible tribut de ses eaux.

Nous trouvâmes sur la rive gauche, les premières cabanes et les premiers parcs (où cujalas) de Pombie : ce terrain, engraissé par le séjour que les troupeaux y font, pendant deux mois, offre une grande variété de plantes, qui percent à travers l'abondance des pâturages : on y distingue le Panicaut dont la tête est ornée de la couleur éclatante de l'améthyste ; le Bec-de-Grue des Pyrénées, qui porte des fleurs d'un pourpre violet et la pâle violette de montagne à fleurs blanchâtres.

L'observateur s'éloigne à regret de ces charmans et riches tapis de verdure, ornés de fleurs, surtout quand il découvre les épouvantables ruines que le temps a détaché du Pic du Midi. C'est à travers des blocs énormes de granit, entassés les uns sur les autres, dans la plus grande confusion et dont quelques-uns ont plus de quinze pieds de diamètre ; c'est, en suivant le tortueux labyrinthe de l'étroit espace qu'ils laissent entr'eux, ou bien en franchissant l'intervalle qui les sépare les uns des autres, qu'on approche de cet antique mont. La couleur sombre des rochers dont il est composé, les affreux débris qui, de toutes parts, en défendent l'abord, montrent partout sa vétusté, présagent sa destruction entière. O chimère de l'orgueil ! l'homme s'étonne d'être mortel et les ouvrages les plus solides de la nature, s'écroûlent et disparaissent !

Non loin de cet horrible lieu, qui présente la fidèle image du chaos, s'élève la masse entière du Pic du Midi, noirci par le temps et partout accompagné de marques certaines de son extrême décrépitude, aspect hideux, qui n'inspire que la tristesse ; la nature se montre tellement avare de toutes les productions propres à soulager la vue, qu'elle offre le Pic du Midi entièrement stérile et nu, depuis sa base jusqu'au sommet : il semble que M. Delille ait eu l'intention d'en présenter l'affreux tableau, dans les vers suivans :

« Voyez-vous ce Mont chauve, dépouillé de terre,
» A qui fait l'Aquilon une éternelle guerre ;
» L'Olympe pluvieux, de son front escarpé ;
» Détachant le limon, par les eaux détrempé,
» L'emporta dans les champs et de sa cime nue,
» Laissa les noirs sommets, se perdre dans la nue.
» L'œil s'afflige à l'aspect de ces rochers hideux.

Après avoir erré quelque temps dans cette sauvage avenue du Pic du Midi, on arrive au pied d'une

montagne couverte d'un gazon, où brillent les fleurs
du serpolet variées de blanc et de pourpre, et qui
répandent un agréable parfum. Cette montagne d'ardoise argileuse doit être regardée comme le principal, ou plutôt l'unique échelon du Pic du Midi ; elle
porte le nom de *Col-Suson*, sa crête est herbeuse et
fleurie.

Bientôt après, nous atteignimes la masse granitique
dont nous étions très-voisins ; tout attriste ici la
vue et rien ne la soulage que l'agréable aspect des
fleurs rouges des rhododendrons, charmant arbris-
seau qu'on regrette de voir rélégué dans une région
hérissée de rochers qui semblent lui communiquer
la couleur sombre et ferrugineuse, que prend la moitié de chacune de ses feuilles.

Nous fûmes obligés, à notre grand regret, de
borner ici notre voyage : comme certaines parties de
la roche se trouvaient encore couvertes de quelques
tas de neige, sur lesquels il était difficile de marcher, à cause de la grande rapidité de la montagne,
nous dûmes renoncer, pour cette fois, au projet que
nous avions formé d'essayer de gravir jusqu'à la cime
du pic.

Pendant que je m'occupais à faire des notes dans
l'endroit qu'il n'avait pas été possible d'outre passer,
M. de Laussat gravit sur quelques rochers environ-
nans où nous crumes devoir nous arrêter, il eut la
satisfaction de découvrir une infinité d'objets nouveaux qui, quoique lointains, lui firent regretter
plus vivement encore, de ne pas atteindre la cime

dn Pic du Midi. Les difficultés qu'il trouva pour descendre, me consolèrent de ne pas l'avoir suivi.

Pour moi, tranquillement assis sur l'aride rocher, tâchant de recueillir dans le calme et le silence, les faits qui pouvaient avoir échappé à mon attention, je plongeais la vue dans une vaste enceinte qui s'ouvrait à mes pieds, et frappé de la prodigieuse quantité de blocs de granit qu'elle renferme et de leur grosseur, je croyais y voir les terribles effets d'une crise épouvantable de la nature; ces amas de décombres me paraissaient les anciens matériaux d'une montagne entière, agitée par les plus violentes secousses, ébranlée jusques dans ses fondemens et dissoute en une infinité de morceaux horriblement fracassés dans leur chute.

Les blocs de granit proviennent des éboulemens qui, chaque jour, ont lieu dans les montagnes primitives, que le temps semble attaquer avec plus de fureur que toutes les autres.

> Voyez, au haut des Monts, ces immenses rochers
> Qui de loin sur la mer, dirigent les nochers;
> Ces masses de granit, qu'un si long âge enfante,
> De ce globe changeant, si robuste charpente,
> De la commune loi, ne se défendent pas;
> L'Eté les met en poudre et l'Hiver en éclats.
>
> DELILLE.

On trouve les débris du Pic du Midi dans toute l'étendue de la vallée d'Ossau et même dans les plaines. Ils ont été transportés, quand la pente du terrain était plus rapide, le volume des eaux plus considérable et leur cours plus impétueux; mais semblables aux ruines des antiques monumens d'architecture, la masse énorme du Pic du Midi conserve encore, malgré cette dégradation extrême, un caractère imposant de grandeur et de majesté.

Exposés à l'ardeur d'un soleil brûlant, dans un lieu découvert, où l'on ne trouve ni l'abri d'un rocher, ni l'ombrage d'un seul arbre; mourant de soif, sans appercevoir la moindre source, réduits enfin à mettre de la neige dans la bouche pour en boire l'eau glaciale; nous ne restâmes qu'environ une demi heure dans cette station incommode, quoique ravissante pour ceux qui recherchent, avec ardeur, à pénétrer les secrets de la nature; nous longeâmes, du nord au sud, le Pic du Midi à travers les débris que les siècles en ont détachés et dont quelques-uns présentaient une cassure assez fraîche, pour nous autoriser à croire qu'il s'était formé naguère des éboulemens. Nous pénétrâmes, quoique avec beaucoup de peine, au milieu de cet effroyable désordre.

Nous commençâmes à ressentir, dans cet horrible lieu, la fatigue que devait naturellement causer une marche pénible, durant environ six heures; nous étions en outre extrêmement incommodés de la chaleur que la réverbération des roches rendait encore plus insupportable; nos forces semblaient diminuer à mesure qu'elles devenaient plus nécessaires; car il se présenta plus de difficultés pour traverser ce blocs entassés, qu'il ne s'en était offert partout ailleurs; nul sentier, nulle trace ne dirigeait nos pas chancellans. Il fallut continuellement monter au-dessus des rochers isolés, ayant plusieurs pieds de diamètre, ou bien en descendre et se courber profondement, pour chercher, malgré leur ténébreuse horreur, des issues, au-dessous de ceux qu'une situation bizarre montre suspendus sur d'autres blocs.

Malheur à l'observateur surpris par d'épais brouillards au milieu de ce chaos! Maintes fois nous fûmes obligés de franchir, en sautant, l'espace qui sépare ces rochers les uns des autres; jamais exercice ne m'a paru plus ennuyeux et plus fatiguant : ces obstacles étaient pareils à ceux que Tournefort avait trouvé sur le mont Ararat; « pour éviter, dit-il, les » sables qui nous fatiguaient horriblement, nous ti-» râmes droit vers de grands rochers entassés, comme » si l'on avait mis Ossa sur Pelion, pour parler le » langage d'Ovide. On passe au-dessous, comme au » travers des cavernes. » *Voyages au Levant.*

Nous n'aurions pas été surpris, en parcourant ces routes inconnues et secrètes, de rencontrer quelque bête féroce cachée dans ces repaires obscurs; mais tout semble fuir cette terre déserte et désolée : en vain nous cherchions autour de nous quelqu'être animé, rien ne paraissait; aucun oiseau de rapine même ne se montrait ni sur l'aride rocher, ni planant dans les airs; le succès de notre recherche se réduisit à la seule découverte d'un petit nombre de craves ou coracias à bec rouge, ayant les pieds de la même couleur; leurs cris fréquens et rauques nous

les firent apercevoir vers la cime du Pic du Midi,
bien digne, assurément, d'être le refuge de ces oiseaux qui, comme on ne l'ignore pas, se plaisent sur
les édifices anciens et dégradés dont ce Mont antique
et décharné offre en quelque sorte la triste image.

Après avoir erré quelque temps au milieu de cet
effroyable désordre, excédés de fatigue, trouvant la
chaleur d'autant plus étouffante, qu'elle se concen-
trait dans cette triste enceinte, nous avions besoin
de prendre un peu de relâche et de nous rafraîchir.
Nos regards attentifs, fixés sur le terrain pierreux et
bouleversé que nous parcourions, sondait continuellement la profondeur des vides ténébreux, formés
par l'amas confus et désordonné des rochers, dans
l'objet de découvrir un peu d'eau pure et fraîche :
mais nulle source ne jaillit du sein de ces arides débris, et c'est en vain que nous espérions de la voir
sortir de la masse escarpée du Pic du Midi, qui
n'offre de ce côté que des roches nues : aucune fontaine, aucun ruisseau ne l'arrosent et jamais on n'y
voit éclore des fleurs. La pente rapide de cette montagne ne souffre point que les neiges, source principale des torrens, résident long-temps à sa surface.

Au reste, la partie par où l'on monte sur cette
montagne, n'est pas aussi dépourvue de plantes que
le revers méridional; on en trouve un assez grand
nombre éparses à la surface des rochers : ici, brillent les fleurs rouges du carnillet moussier, prenant
naissance au sein d'un épais gazon, qui présente
l'agréable aspect d'une mousse verte et molle : là,

s'élèvent des tiges de potentille blanche, étalant leurs
tendres rameaux : plus loin, croissent la raiponce
hémisphérique et le chrisanthème des Alpes, dont le
disque jaune est entouré d'une couronne blanche ou
purpurine, qui contraste avec la couleur sombre des
granits, roche sur laquelle cette plante se plaît, dit-
on, uniquement : au-delà, fleurissent la vergerette
et le trèfle des Alpes; on trouve, en outre, la saxi-
frage trydactile sur le roide penchant de ce Mont
primitif.

Malheureux dans nos recherches, impatiens de sortir de ce vaste réceptacle de ruines, qui doit nous
faire présumer que le Pic du Midi était primitive-
ment beaucoup plus élevé qu'il ne l'est de nos jours,
nous redoublâmes d'efforts et de vitesse pour approcher d'un lieu qui, blanchissant de neige, pro-
mettait du moins de l'eau fraîche : nous parvînmes
bientôt au bord d'un clair ruisseau, qui, prenant
naissance sous les voutes profondes de cet amas de
neiges, nous offrit une eau limpide, dont nous bû-
mes néanmoins avec ménagement, et la fraîcheur de
cette obscure et singulière caverne, où nous prîmes
un peu de repos, servit à ranimer, en outre, nos
forces affaiblies.

L'eau qui découle de la grotte de neige, dans
laquelle nous trouvâmes l'ombre et le frais et celle
qui sort de plusieurs autres amas pareils, que nous
fûmes obligés de traverser, non sans crainte de les
voir s'éffondrer sous nos pas, forment au pied du Pic,
un petit lac d'un aspect verdâtre, qui ne produit

aucune espèce de poisson : l'onde coule ensuite avec le plus doux murmure, sur un lit bordé d'un verd gazon, où l'œil aime à la suivre dans ces obliques et nombreux détours.

Lorsque nous eûmes quitté les bords du petit lac, nous continuâmes de diriger nos pas vers le sud en laissant, sans regret derrière nous, le Pic du Midi et l'enceinte qui recèle ses affreuses ruines, où l'observateur risque à tout moment d'être écrasé par la chûte fréquente de blocs, qui tombent du haut de cette énorme et hideuse roche ; nous gagnâmes le penchant septentrional d'une montagne, ornée d'un gazon épais et qui nous séparait des riches pâturages d'*Anéou*, et malgré l'extrême roideur de sa pente, nous la descendîmes du côté du midi, luttant sans cesse contre les obstacles qui se présentaient à chaque pas.

Nous respirions après un instant de repos ; mais comment pouvoir s'y livrer sous un ciel embrasé, dans un lieu totalement découvert, où nulle retraite n'offrait l'ombre et le frais. Le bouleau à blanche écorce, qui se plaît à des élévations du terrain, où les autres espèces d'arbres ne croissent pas, et dans lesquelles la végétation est prête d'expirer, refusait même à nos vœux son mobile feuillage : tous nos efforts tendaient à nous éloigner de cette montagne hérissée de cailloux tranchans et couverte, en partie, d'un perfide et glissant gazon.

L'usage de nos mains nous fut d'un très-grand secours ; elles cherchaient continuellement à saisir, tantôt les gramens sur lesquels il était d'autant plus

difficile de marcher, que le soleil les avait entièrement desséchés ; tantôt les tiges rameuses et longues
de labousier-busserole dont les baies sont d'un beau
rouge dans leur maturité ; quelquefois elles s'accro-
chaient aux tiges également rameuses de la reglisse ;
un assez grand nombre de petits oiseaux, voltigeant
avec confiance autour de nous, semblaient, par leurs
tristes accens, prendre part à nos souffrances ; ils
sont connus sous le nom de *Fauvette des Alpes.*
Fatigués et hors d'haleine, nous arrivâmes enfin au
pied de la montagne, et bientôt après à la case de
Brousette où nous avions laissé nos chevaux, dont
nous ne tardâmes pas à profiter.

On peut bien croire que les premiers momens de
notre arrivée furent employés à réparer nos forces
épuisées ; mais dans un assez court espace de temps,
nos corps affaiblis et langissants se ressentirent beaucoup moins d'une marche à pied, aussi pénible que
rapide, et qui avait duré neuf heures. D'ailleurs la
vive satisfaction que nous éprouvions de l'avoir faite,
sans être contrariés par les brouillards qui souvent
obscurcissent ces montagnes, semblait nous rendre
insensiblement notre ordinaire agilité.

Cette disposition heureuse autant qu'imprévue,
nous fit prendre la résolution de monter à cheval et
de nous retirer. Nous étions déjà, dès une heure et
demie, sur la route des Eaux-Chaudes, que nous
trouvâmes couverte de nombreux et différens troupeaux qui montaient vers les lieux d'où nous des-

cendions et dont ils allaient animer les affreuses solitudes.

Comme il est expressément défendu par divers réglemens aux pasteurs, de les y faire pâturer avant le douze juillet, et que l'on s'empresse de commencer à profiter ce jour là de ces herbages, la réunion d'une aussi grande quantité de bergers, de bestiaux suivis ou précédés de bêtes de somme chargées de vivres et d'ustensiles, offrait le spectacle non moins intéressant que singulier, d'un peuple nomade. Les embarras occasionnés par la rencontre de cette espèce de migration, sur une route bordée de précipices, retardèrent un peu notre marche; nous arrivâmes néanmoins à sept heures, au bourg de Laruns, où je me séparai de M. de Laussat, qui fit à pied, une lieue, pour aller joindre aux Eaux-Bonnes Madame son épouse, digne par ses agrémens et ses qualités personnelles, d'être l'objet de ce vif empressement.

ERRATA.

PAGE 14, ligne 31, Lourdes, *lisez* : Lourde.

43, 21, reseda glanca, *lisez* : reseda glauca.

53, 29, les Eaux-Chaudes, *ajoutez* : dans la vallée d'Ossau.

54, 9, dans leur entier, *ajoutez* : heureusement des parapets élevés sur les bords mettent à l'abri de tout danger.

59, 24, Fondéré, *lisez* : Foderé.

65, 7, er, *lisez* : fer.

79, 13, le belle, *lisez* : la belle.

100, 20, gravir le Pic, *lisez* : gravir sur le Pic.

TABLE DES MATIÈRES.

	Pages.
Voyage de Bayonne à Pau...............	7.
—— *de Pau à Saint-Sauveur*...........	13.
—— *de Saint-Sauveur à Barèges*........	20.
—— *de Saint-Sauveur à Cauterets*.......	23.
—— *de St.-Sauveur à Bagnères de Bigorre.*	30.
—— *de Saint-Sauveur à Gavarnie*........	42.
—— *de St.-Sauveur à Bagnères de Luchon..*	45.
—— *de Saint-Sauveur à Pau*...........	65.
—— *de Pau à la vallée d'Ossau*........	77.
Observations faites au Pic du Midi de la vallée	
d'Ossau........................	115.

www.ingramcontent.com/pod-product-compliance
Lightning Source LLC
Chambersburg PA
CBHW071827090426
42737CB00012B/2197